民族要复兴，
乡村必振兴。

吴娟 著

湖南文化和旅游
赋能乡村振兴的探索与实践

一本湖南文旅赋能乡村振兴的研究性专著
结合湖南省的实际情况
从理论的高度进行探讨

万卷出版有限责任公司
VOLUMES PUBLISHING COMPANY

图书在版编目（CIP）数据

湖南文化和旅游赋能乡村振兴的探索与实践／吴娟
著 . -- 沈阳：万卷出版有限责任公司，2025. 1.
ISBN 978-7-5470-6647-8

Ⅰ . F592.764

中国国家版本馆 CIP 数据核字第 20240QU782 号

出版发行者：万卷出版有限责任公司
（地址：沈阳市和平区十一纬路 29 号　邮编：110003）
印 刷 者：长沙市精宏印务有限公司
幅 面 尺 寸：170mm×240mm
字 数：175 千字
印 张：14
出 版 时 间：2025 年 1 月第 1 版
印 刷 时 间：2025 年 1 月第 1 次印刷
责 任 编 辑：张冬梅
装 帧 设 计：雄宇文化
责 任 校 对：刘 洋
策 划：张立云　刘雄伟
ISBN 978-7-5470-6647-8
定 价：79.00 元

第四章　湖南文化和旅游赋能乡村振兴的主要成效

第五章　湖南文化和旅游赋能乡村振兴的主要模式和典型案例

第六章　湖南文化和旅游赋能乡村振兴的主要经验

第七章　湖南文化和旅游赋能乡村振兴存在的主要问题

第八章　湖南文化和旅游赋能乡村振兴的对策建议

第一章　绪论

一、研究背景与意义

（一）研究背景

民族要复兴，乡村必振兴。2017年，党的十九大报告提出实施乡村振兴战略。加快农业农村现代化，推进乡村振兴成为新时代"三农"工作的总抓手。为有力有效推进乡村振兴，党中央作出了一系列重大决策部署。2020年，党的十九届五中全会提出"优先发展农业农村，全面推进乡村振兴"。党的二十大着眼于全面建设社会主义现代化国家全局，对全面推进乡村振兴作出新的部署。2024年，中央一号文件《中共中央　国务院关于学习运用"千村示范、万村整治"工程经验有力有效推进乡村全面振兴的意见》提出，"促进农村一、二、三产业融合发展""坚持产业兴农"，加快构建农文旅融合的现代乡村产业体系，强调"实施乡村文旅深度融合工程，推进乡村旅游集聚区（村）建设，培育生态旅游、森林康养、休闲露营等新业态，推进乡村民宿规范发展、提升品质"。实施乡村振兴战略，是以习近平同志为核心的党中央从党和国家事业全局出发、着眼于实现"两个一百年"奋斗目标、顺应亿万农民对美好生活的向往作出的重大决策，是进入新发展阶段党中央对"三农"工作作出的总体部署，为我们立足"十四五"乃至2035年远景目标做好"三农"工作，促进农业全面升级、农村全面进步、农民全面发展提供重要遵循，对全面建设社会主义现代化国家、实现第二个百年奋斗目标具有全局性和历史性意义。

乡村振兴包括产业、文化、生态、组织、人才五个方面的全面振兴，是着眼于"产业兴旺、生态宜居、乡风文明、治理有效、生活富裕"的振兴。《"十四五"文化和旅游发展规划》提出，到2025年我国社会主义文化强国建设取得重大进展，文化事业、文化产业和旅游业高质量发展的体制机制更加完善，治理效能显著提升，人民精神文化生活日益丰富，中华文化影响力进一步提升，中华民族凝聚力进一步增强，文化铸魂、文化赋能和旅游为民、旅游带动作用全面凸显，文化事业、文化产业和旅游业成为经济社会发展和综合国力竞争的强大动力和重要支撑。实践表明，发展文化和旅游业，是推动农村产业发展壮大，改善农村人居环境，培育乡风文明新风尚，加强农村基层治理，促进农民增收致富，使广大农民群众不断增强获得感、幸福感、安全感，实现乡村全面振兴的重要抓手和可行路径。党的十八大以来，乡村旅游快速发展，市场规模不断扩大，乡村旅游业态不断创新，乡村旅游接待人次、乡村旅游总收入屡创新高。文化和旅游部数据显示，2019年，我国乡村旅游接待人次达到30.9亿，占国内旅游人次的一半。2023年，随着国内旅游市场全面复苏，乡村旅游发展势头强劲。从携程的乡村民宿数量来看，从2019年的22万余间增长到2023年的33万间。2024年，全国乡村旅游数据监测中心数据显示，仅"五一"假期，全国乡村旅游接待总人次即达1.72亿，乡村旅游总收入达518.17亿元。党的十八大以来，乡村文化事业繁荣发展，文化产业持续发展。乡村公共文化服务体系建设取得显著进展，公共文化服务设施日趋改善，群众性文化活动不断丰富，文化惠民工程深入推进，乡村文化产业较快发展，乡村文化活力不断激发，文化对乡村振兴的引领和推动作用更加彰显。

党的二十大报告指出，"全面建设社会主义现代化国家，最艰巨最繁重的任务仍然在农村"这一重要论断。截至2024年6月，我国共有29620个乡镇488959个行政村。乡村始终是中国的根脉，是国家大厦的基础。当前，扎实推进文化和旅游赋能乡村振兴各项任务，确保乡村文化产业和乡村旅游高质量发展的同时，在赋能乡村振兴方面取得实实在在的效果，实现脱贫攻坚与乡村振兴有效衔接，实现城乡居民共同富裕，对贯彻落实乡村振兴战略的部署要求和推进中国式现代化具有重要意义。

（二）研究意义

湖南山水风光秀美奇特，历史文化底蕴深厚，民俗风情多姿多彩。湖南既是旅游资源和文化资源大省，也是旅游产业和文化产业大省。凭借优异的资源禀赋和良好的产业发展基础，湖南发挥文化赋能优势和旅游带动作用，促进文化产业和乡村旅游高质量发展，在助推乡村振兴方面取得积极进展。以"湖南文化和旅游赋能乡村振兴的探索与实践"为题，全面梳理湖南文化和旅游赋能乡村振兴的基本情况，总结湖南文化和旅游赋能乡村振兴取得的主要成效，分析湖南文化和旅游赋能乡村振兴的主要模式和成功经验，探讨湖南文化和旅游赋能乡村振兴存在的主要问题并针对性提出湖南文化和旅游赋能乡村振兴的对策建议，是推动湖南乡村文化繁荣兴盛、乡村旅游蓬勃发展的需要，是通过文化惠民、旅游富民推动湖南乡村全面振兴的需要，是探索可借鉴、可复制、可推广的"湖南经验"，示范引领、促进文化和旅游更好赋能乡村振兴，为新时代、新征程做好"三农"工作，为乡村全面振兴提供有益借鉴与参考的需要。

第一，湖南文化和旅游赋能乡村振兴研究是探索湖南因地制宜发展乡村旅游产业、促进乡村旅游提质增效的现实需要。

近年来，随着乡村振兴战略的深入实施推进，全国各地乡村旅游快速发展，农文旅融合呈现勃勃生机，表现出规模持续扩大、业态不断丰富、产品日益多元、产业链不断延伸、辐射带动作用日益增强等集聚效应。但各地区位条件存在差异、资源禀赋不尽相同、产业基础各有偏差，在发展文化和旅游推动乡村振兴方面虽然目的一致，但在发展模式、发展策略、具体路径上往往各有侧重，有所区别。从2024年4月，文旅部发布的文化和旅游赋能乡村振兴"十佳"案例和优秀案例来看，各地在积极探索发展文化和旅游，推进乡村振兴路径方面走出了各有特色的道路，形成了"广西模式""湖南模式"等。因此，对湖南文化和旅游赋能乡村振兴进行研究，对探讨湖南如何立足特色资源，不断破解制约因素，积极发展乡村旅游新模式、新业态，推动湖南乡村旅游特色化、品质化发展具有重要现实意义。

第二，湖南文化和旅游赋能乡村振兴研究是繁荣乡村文化、发展乡村文化产业的现实需要。

作为文化资源大省,湖南文化产业发展迅速。2022年,湖南文化及相关产业实现增加值2506.53亿元,占地区生产总值比重达5.27%。2024年,湖南大力实施"重点产业倍增计划",将文化创意旅游产业列入11个重点产业之一。但从全省范围来看,湖南文化产业发展的重心主要在长株潭等城市群,县级城市尤其是广大农村地区,文化产业的发展还相当滞后,并面临许多亟待解决的问题。[①]比如:总体发展水平较低、农村文化市场培育缓慢等。此外,从公共文化服务来看,城乡在公共文化空间创建、公共文化服务品质打造、公共文化服务供给等方面不同程度地存在发展不平衡的情况。这些问题的存在既与农村居民日益增加的文化需求不相匹配,也一定程度上影响了乡村振兴的推进。对湖南文化和旅游赋能乡村振兴研究进行研究,有利于进一步了解乡村文化事业和文化产业的发展情况,推动乡村文化事业和文化产业发展。

第三,湖南文化和旅游赋能乡村振兴研究是不断深化业态融合、更好赋能文旅产业发展的现实需要。

2023年,湖南省委、省政府发布《关于加快建设世界旅游目的地的意见》,提出湖南建设世界旅游目的地,打造具有世界级吸引力和国际化程度较高的旅游地域综合体,吹响了湖南旅游业加速发展的冲锋号。湖南旅游业高质量发展,离不开旅游业态融合创新。培育湖南文旅融合新业态,打造湖南文旅融合产品与品牌,湖南乡村旅游大有可为,也大有作为。因此,立足湖南,对文化和旅游赋能乡村振兴进行系统研究,有利于深入挖掘并充分利用湖南文化资源、旅游资源、农业资源等,推

---

① 张伟.湖南农村文化产业与旅游产业互动发展策略[J].山东工会论坛,2014,20(06):77-78.

动农业、文化、旅游融合发展,探索湖南农文旅融合发展之路。有利于在人口结构、旅游者需求等发生变化的情况下,更好探讨新时代如何深度挖掘消费需求,创新消费场景,深化旅游业态融合创新,积极发展自驾露营旅游、红色旅游、研学旅游、康养旅游等,更好满足人民对美好生活的需要。

第四,湖南文化和旅游赋能乡村振兴研究是助力"农业强、农村美、农民富",有力有效推进湖南乡村全面振兴的现实需要。

文化和旅游赋能乡村振兴最终落脚点是赋能效果。开展湖南文化和旅游赋能乡村振兴研究,从文化和旅游如何赋能乡村振兴入手,既看成效,又看问题,既谈经验,又谈对策。有助于通过研究,充分发挥湖南资源优势,全面系统挖掘文化和旅游与乡村产业相互融合的"点与面",将湖南乡村产业优势、生态资源优势、文化资源优势转化为经济发展优势,使"文化和旅游"成为乡村全面振兴的重要抓手,为推动湖南乡村产业兴旺、弘扬传统文化、培育文明乡风、带动群众增收致富等提供依据和参考。同时,通过研究可以进一步加强对湖南各地优秀的乡土文化、农耕文化、民族文化、非物质文化遗产等的传承与保护,推动中华优秀传统文化创造性转化、创新性发展,推动乡村文化振兴,实现乡村发展增收致富和精神文化丰富充盈的双赢。

第五,湖南文化和旅游赋能乡村振兴研究为进一步发挥文化赋能优势和旅游带动作用、推进乡村全面振兴提供有益借鉴与参考。

文化和旅游是乡村振兴的重要驱动力,是推动实现中国式现代化、实现共同富裕的重要内容、重要抓手和重要路径。通过湖南文化和旅游赋能乡村振兴研究,有利于全面拓展文化和旅游与乡村产业相互融合的深度和广度,盘活乡村资源,传承发展传统文化,繁荣乡村旅游。有利于在总结湖南文化和旅游赋能乡村振兴的成果与经验的基础上，形成文化和旅游赋能乡村振兴示范引领效应，助推在更广范围、更深层次、更高水平上推动文化和旅游赋能乡村振兴，以更有力的举措、汇聚更强大的力量来推进乡村全面振兴。

二、文化和旅游赋能乡村振兴的基本内涵

（一）关于文化

长期以来，国内外学者从不同领域、不同角度对文化进行了定义。其中外国学者中，较有影响的是1871年英国学者爱德华·伯内特·泰勒在其论著《原始文化》所作的定义："文化，或文明，就其广泛的民族学意义来说，是包括全部的知识、信仰、艺术、道德、法律、风俗以及作为社会成员的人所掌握和接受的任何其他的才能和习惯的复合体。"① 中国学者陈序经在《文化学概观》中介绍了各种关于文化的定义，如文化是文学、文雅、道德、美术、学术、精神、进步、能力，等等，他认为，文化不外是人类为着适应自然现象或自然环境而努力利用这些自然现象或自然环境的结果。② 冯天瑜等在《中华文化史》中提出，文化就是人类化，是人类为了生存，将自然人化、人类化、对象化的

---

① ［英］爱德华·伯内特·泰勒.原始文化［M］.连树声译.上海：上海文艺出版社，1992：11.
② 林坚.关于"文化"概念的梳理和解读［J］.文化学刊，2013，（05）：10-18.

过程及其产生物质精神文明的总和。①林坚认为，文化大体可以划分为狭义和广义两种。广义的文化指人类创造的一切物质产品和精神产品的总和。狭义的文化专指语言、文学、艺术及一切意识形态在内的精神产品。②

2005年，时任浙江省委书记习近平在浙江省委第十一届八次全会上提出，"文化是一个十分复杂的概念，古今中外对文化的定义不下百种，我们建设文化大省中的'文化'，是十六大提出的相对于经济、政治而言的'文化'，从工作内容上说，主要包括思想理论、人文精神、伦理道德、文化事业和文化产业、教育、科技、卫生、体育等方面"③。习近平总书记始终高度重视文化建设，作出一系列重要论述，认为"文化是一个国家、一个民族的灵魂"，要求"着力赓续中华文脉、推动中华优秀传统文化创造性转化和创新性发展"。乡村文化振兴是实现乡村全面振兴的重要内容。创新乡村特色文化，讲好中国乡村故事，培育乡村文化人才，为乡村文化振兴注入强大的动力，激发磅礴动能。

本文所谈及的文化应是狭义的文化，是"人类在生产生活实践中生成的，相对于经济、政治而言的全部精神活动及其物质产品中包含的精神因素"④。

---

① 冯天瑜等 . 中华文化史 [M]. 上海：上海人民出版社，1990：26.
② 林坚 . 关于"文化"概念的梳理和解读 [J]. 文化学刊，2013，（05）：10-18.
③ 习近平 . 干在实处，走在前列 [M] 北京：中共中央党校出版社，2006：383.
④ 朱鸿亮 . 习近平新时代中国特色社会主义文化建设重要论述的理论体系研究 [D]. 西安：西安理工大学，2021.

（二）关于旅游

关于旅游，国内外学者和机构下过诸多定义，其中较有影响力的包括世界旅游组织及瑞士学者亨齐克和克拉普夫所提出的定义等。世界旅游组织认为，旅游是一个人旅行到一个其惯常居住环境以外的地方并逗留不超过一定限度的时间的活动，这种活动的主要目的是在到访地从事某种不获得报酬的活动。亨齐克和克拉普夫认为，旅游是非定居的旅行和短暂停留而引起的一切现象和关系的总和。这种旅行和逗留不会导致长期居住或从事任何赚钱活动。20世纪70年代这一定义被旅游科学专家国际联合会（IASET）采纳，所以也被称为"艾斯特"定义。对于旅游的内涵，本文援引张凌云教授的说法，从五个方面理解旅游的内涵与外延：旅游是人的空间位置的移动，这种移动是暂时的；旅游可以有一个或多个动机，一般认为旅游的动机与游憩（或康乐）有关；旅游活动需要一定的交通基础设施、住宿、营销系统、游憩（或康乐）和景区服务的支持；旅游不仅仅是游客个人的一种休闲和游憩（或康乐）的消费方式；旅游整体的空间系统，不仅是一个经济系统，更是一个文化系统和社会系统。①

值得注意的是，本研究谈及的旅游主要指的是乡村旅游，因此有必要对乡村旅游的概念作一探讨。关于乡村旅游，国内外不少学者进行过研究与探讨。杜江和向萍认为，"乡村旅游是以乡野农村的风光和活动为吸引物，以都市居民为目标市场，满足旅游者娱乐、求知和回归自然等

---

① 张凌云.国际上流行的旅游定义和概念综述——兼对旅游本质的再认识[J].旅游学刊，2008，（01）：86-91.

方面需求为目的的一种旅游方式"。①吴必虎认为，"乡村旅游就是发生在乡村和自然环境中的旅游活动的总和"②。肖佑兴等认为，"乡村旅游是指以乡村空间环境为依托，以乡村独特的生产形态、民俗风情、生活形式、乡村风光、乡村居所和乡村文化等为对象，利用城乡差异来规划设计和组合产品，集观光、游览、娱乐、休闲、度假和购物为一体的一种旅游形式"。③潘顺安认为，它具有乡土性、知识性、娱乐性、参与性、高效益性、低风险性以及能满足游客回归自然的需求性等特点。④何景明等认为，"乡村旅游是指在乡村地区，以具有乡村性的自然和人文客体为旅游吸引物的旅游活动。因此，乡村旅游的概念包含了两个方面：一是发生在乡村地区，二是以乡村性作为旅游吸引物，二者缺一不可"⑤。可以认为，乡村旅游是在乡村地域内开展的，以乡村风光和环境为基础，以存在于乡村地区的自然旅游资源和人文旅游资源为吸引物的旅游活动。

（三）关于乡村振兴

乡村振兴是党的十九大作出的重大决策部署。理解乡村振兴，重点

① 杜江，向萍.关于乡村旅游可持续发展的思考[J].旅游学刊，1999，14（1）：15-18.

② 吴必虎.区域旅游规划原理[M].北京：中国旅游出版社，2001：144，270-271.

③ 肖佑兴，明庆惠，李松志.论乡村旅游的概念和类型[J].旅游科学，2001，（3）：8-10.

④ 潘顺安.中国乡村旅游驱动机制与开发模式研究[D].长春：东北师范大学，2007.

⑤ 何景明，李立华.关于"乡村旅游"概念的探讨[J].西南师范大学学报（人文社会科学版），2002，28（5）：125-128.

在于准确把握乡村振兴的丰富内涵。2017年10月，党的十九大报告首次提出"实施乡村振兴战略"，指出农业农村农民问题是关系国计民生的根本性问题，必须始终把解决好"三农"问题作为全党工作的重中之重，实施乡村振兴战略。强调"要坚持农业农村优先发展，按照产业兴旺、生态宜居、乡风文明、治理有效、生活富裕的总要求，建立健全城乡融合发展体制机制和政策体系，加快推进农业农村现代化"。"实施乡村振兴战略"作为七大战略之一写入党章。乡村振兴战略的提出，是全面建成小康社会的重大战略部署，为农业农村改革发展指明了航向。

2018年2月，《中共中央　国务院关于实施乡村振兴战略的意见》成为乡村振兴战略的纲领性文件，对实施乡村振兴战略进行了全面部署，提出"到2020年，乡村振兴取得重要进展，制度框架和政策体系基本形成；到2035年，乡村振兴取得决定性进展，农业农村现代化基本实现；到2050年，乡村全面振兴，农业强、农村美、农民富全面实现。"同年9月，为推进乡村振兴战略全面实施，中共中央、国务院印发《乡村振兴战略规划（2018—2022年）》，对实施乡村振兴战略第一个五年工作作出具体部署，成为指导各地区各部门分类有序推进乡村振兴战略的重要依据。在中央各项政策的有力推动下，"乡村振兴战略"在全国范围内全面开展。[①]《乡村振兴战略规划（2018—2022年）》提出，要科学有序推动乡村产业、人才、文化、生态和组织振兴。2021年3月，《中共中央、国务院关于全面推进乡村振兴加快农业农村现代化的意见》提出，全面推进乡村产业、人才、文化、生态、组织振兴，走中国特色社

---

① 邰清攀.乡村振兴战略背景下乡镇政府公共服务能力研究[D].长春：东北师范大学，2019.

会主义乡村振兴道路，加快农业农村现代化，加快形成工农互促、城乡互补、协调发展、共同繁荣的新型工农城乡关系，促进农业高质高效、乡村宜居宜业、农民富裕富足。2021年6月，《中华人民共和国乡村振兴促进法》颁布，标志着乡村振兴战略迈入有法可依、依法实施的新阶段。2022年2月，《中共中央、国务院关于做好2022年全面推进乡村振兴重点工作的意见》提出，聚焦产业促进农村发展、扎实稳妥推进乡村建设、突出实效改进乡村治理、加大政策保障和体制机制创新力度、坚持和加强党对"三农"工作的全面指导。2023年2月，《中共中央、国务院关于做好2023年全面推进乡村振兴重点工作的意见》提出，巩固拓展脱贫攻坚成果，推动乡村产业高质量发展，拓宽农民增收致富渠道，扎实推进宜居宜业和美乡村建设，健全党组织领导的乡村治理体系，强化政策保障和体制机制创新。2024年2月，《中共中央、国务院关于学习运用"千村示范、万村整治"工程经验有力有效推进乡村全面振兴的意见》提出，推进乡村全面振兴"路线图"，强调提升乡村产业发展水平，提升乡村建设水平，提升乡村治理水平，加强党对"三农"工作的全面领导。

（四）关于文化和旅游赋能乡村振兴

习近平总书记高度重视乡村振兴工作，对事关乡村的文化和旅游工作多次发表重要论述、作出重要指示批示，为做好文化和旅游赋能乡村振兴工作提供了根本遵循，指明了前进方向。习近平总书记指出："全面推进乡村振兴，要立足特色资源，坚持科技兴农，因地制宜发展乡村旅游、休闲农业等新产业新业态，贯通产加销，融合农文旅，推动乡村产业发展壮大，让农民更多分享产业增值收益。"习近平总书记指出："要推动乡村文化振兴，加强农村思想道德建设和公共文化建设，以社会主义核心价值观为引领，深入挖掘优秀传统农耕文化蕴含的思想观念、人文精神、道德规范，培育挖掘乡土文化人才，弘扬主旋律和社会正气，培育文明乡风、良好家风、淳朴民风，改善农民精神风貌，提高乡村社会文明程度，焕发乡村文明新气象。"

文化是旅游的灵魂，旅游是文化的载体。习近平总书记指出："文化产业和旅游产业密不可分，要坚持以文塑旅、以旅彰文，推动文化和旅游融合发展，让人们在领略自然之美中感悟文化之美、陶冶心灵之美。"2024年3月，习近平总书记在湖南考察时强调，"推进文化和旅游深度融合，守护好三湘大地的青山绿水、蓝天净土，把自然风光和人文风情转化为旅游业的持久魅力"，进一步指明了湖南文化和旅游的发展方向，文旅深度融合更有目标、更有动力。

文化和旅游赋能乡村振兴即充分发挥文化铸魂、文化赋能作用和旅游兴业、旅游富民作用，赋能乡村人文资源和自然资源保护利用，促进一、二、三产业融合发展，贯通产加销，融合农文旅，全面推进乡村振兴、加快农业农村现代化。

三、文化和旅游赋能乡村振兴的主要政策

乡村振兴战略提出以来，党和国家陆续颁布一系列推进乡村振兴的政策文件。其中，诸多文件从不同角度涉及文化和旅游在乡村振兴中作用发挥问题，充分说明发展文化和旅游是推动乡村振兴的重要途径，其在推进乡村振兴中的重要作用不容忽视。为推动国家战略层面的政策能够更好落实落细，文化和旅游部、农业农村部等国家部委局办结合部门职责与职能相继出台相应的意见、通知、实施方案、措施等，有力推动

文化和旅游在助推乡村振兴方面发挥更大功能和价值、取得更大成效。

（一）国家战略层面的政策

通过对党的十九大以来国家战略层面出台的涉及文化和旅游赋能乡村振兴的相关政策进行梳理，可以发现不同文件侧重点有所不同。中共中央、国务院《关于实施乡村振兴的意见》从"构建农村一、二、三产业融合发展体系"角度提出发展乡村旅游，实施"休闲农业和乡村旅游精品工程"，前瞻性提出发展"森林草原旅游、河湖湿地观光"等乡村生态旅游产业，并对"繁荣兴盛农村文化"进行阶段部署，提出"传承发展提升农村优秀传统文化""加强农村公共文化建设"等。《乡村振兴战略规划（2018—2022 年）》对乡村振兴进行了阶段性谋划，进一步明确关于乡村旅游和文化方面今后五年的举措及重点任务。《关于坚持农业农村优先发展做好"三农"工作的若干意见》《关于学习运用"千村示范、万村整治"工程经验有力有效推进乡村全面振兴的意见》等对促进乡村旅游、乡村文化繁荣发展进行部署安排，包括乡村旅游基础设施建设、乡村旅游新业态打造、乡村民宿提质升级、农文旅融合、乡村文化特色产业发展、文化惠民工程推进、基层公共文化服务体系建设、群众性文化活动开展等方面。

表1-1　文化和旅游赋能乡村振兴的主要政策（国家战略层面）

文件名称	发文单位	发布时间	主要内容
关于实施乡村振兴战略的意见	中共中央、国务院	2018年2月	实施休闲农业和乡村旅游精品工程，建设一批设施完备、功能多样的休闲观光园区、森林人家、康养基地、乡村民宿、特色小镇；传承发展提升农村优秀传统文化；加强农村公共文化建设，健全乡村公共文化服务体系；等等。
乡村振兴战略规划（2018—2022年）	中共中央、国务院	2018年9月	合理利用村庄特色资源，发展乡村旅游和特色产业；实施休闲农业和乡村旅游精品工程；大力发展生态旅游、生态种养等产业，打造乡村生态产业链；推动文化、旅游与其他产业深度融合、创新发展；繁荣发展乡村文化；等等。
关于坚持农业农村优先发展做好"三农"工作的若干意见	中共中央、国务院	2019年1月	将农村人居环境整治与发展乡村休闲旅游有机结合；发展适应城乡居民需要的休闲旅游、餐饮民宿、文化体验、健康养生、养老服务等产业；加强乡村旅游基础设施建设；全面提升农村文化体育等公共服务水平；加快推进农村基层综合性文化服务中心建设；支持建设文化礼堂、文化广场等设施，培育特色文化村镇、村寨；等等。
关于促进乡村产业振兴的指导意见	国务院	2019年6月	优化乡村休闲旅游业。实施休闲农业和乡村旅游精品工程，培育一批美丽休闲乡村、乡村旅游重点村，建设一批休闲农业示范县；推进农业与文化、旅游、教育、康养等产业融合；充分挖掘农村各类非物质文化遗产资源，保护传统工艺，促进乡村特色文化产业发展；等等。

续表

文件名称	发文单位	发布时间	主要内容
关于抓好"三农"领域重点工作确保如期实现全面小康的意见	中共中央、国务院	2020年1月	推动基本公共文化服务向乡村延伸，扩大乡村文化惠民工程覆盖面；鼓励城市文艺团体和文艺工作者定期送文化下乡；实施乡村文化人才培养工程，支持乡土文艺团组发展，扶持农村非遗传承人、民间艺人收徒传艺，发展优秀戏曲曲艺、少数民族文化、民间文化；保护好历史文化名镇（村）、传统村落、民族村寨、传统建筑、农业文化遗产、古树名木等；等等。
关于全面推进乡村振兴加快农业农村现代化的意见	中共中央、国务院	2021年2月	开发休闲农业和乡村旅游精品线路，完善配套设施；加强农村旅游路建设；加强村庄风貌引导，保护传统村落、传统民居和历史文化名村名镇；加大农村地区文化遗产遗迹保护力度；推进城乡公共文化服务体系一体建设，创新实施文化惠民工程；深入挖掘、继承创新优秀传统乡土文化；等等。
中华人民共和国乡村振兴促进法	全国人大常委会	2021年5月	支持红色旅游、乡村旅游、康养和乡村物流、电子商务等乡村产业的发展；支持休闲农业和乡村旅游重点村镇等的建设；加强乡村优秀传统文化保护和公共文化服务体系建设，繁荣发展乡村文化；第四章专章安排"文化繁荣"；等等。
"十四五"推进农业农村现代化规划	国务院	2022年2月	培育壮大乡村休闲旅游业、乡村新型服务业、乡村信息产业等；优化乡村休闲旅游业；建设一批休闲农业重点县、休闲农业精品园区和乡村旅游重点村镇。

续表

文件名称	发文单位	发布时间	主要内容
			推动农业与旅游、教育、康养等产业融合，发展田园养生、研学科普、农耕体验、休闲垂钓、民宿康养等休闲农业新业态；加强乡村教育、医疗、文化数字化建设，推进城乡公共服务资源开放共享；繁荣发展乡村优秀文化；等等。
关于做好2022年全面推进乡村振兴重点工作的意见	中共中央、国务院	2022年2月	重点发展农产品加工、乡村休闲旅游、农村电商等产业；实施乡村休闲旅游提升计划；启动实施文化产业赋能乡村振兴计划；整合文化惠民活动资源，支持农民自发组织开展村歌、"村晚"、广场舞、趣味运动会等体现农耕农趣农味的文化体育活动；等等。
关于做好2023年全面推进乡村振兴重点工作的意见	中共中央、国务院	2023年2月	发展乡村餐饮购物、文化体育、旅游休闲、养老托幼、信息中介等生活服务；实施文化产业赋能乡村振兴计划；实施乡村休闲旅游精品工程，推动乡村民宿提质升级；支持乡村自办群众性文化活动；注重家庭家教家风建设；深入实施农耕文化传承保护工程，加强重要农业文化遗产保护利用；等等。
关于学习运用"千村示范、万村整治"工程经验有力有效推进乡村全面振兴的意见	中共中央、国务院	2024年2月	加快构建粮经饲统筹、农林牧渔并举、产加销贯通、农文旅融合的现代乡村产业体系，把农业建成现代化大产业；实施乡村文旅深度融合工程，推进乡村旅游集聚区（村）建设，培育生态旅游、森林康养、休闲露营等新业态，推进乡村民宿规范发展、提升品质；繁荣发展乡村文化；等等。

（二）国家部委局办层面的政策

为深入贯彻落实乡村振兴战略，包括中共中央办公厅、国务院办公厅、文化和旅游部、国家发展改革委、工业和信息化部、财政部、人力资源和社会保障部、自然资源部、生态环境部、住房和城乡建设部、交通运输部、农业农村部、国家卫生健康委、中国人民银行、国家体育总局、市场监管总局、中国银行保险监督管理委员会、国家林业和草原局、国家文物局、国务院扶贫办、教育部、国家乡村振兴局、国家开发银行、公安部、应急管理部、国家乡村振兴局、国家民委、共青团中央、全国妇联等30余个部门先后单独印发或者联合印发的助推乡村振兴的系列文件中，对乡村旅游发展和文化赋能乡村振兴作出部署与安排，呈现以下特点：一是发文主体多，政策含金量高。30多个国家部委局办出台的政策，其中既有关于乡村旅游发展、文化赋能乡村振兴的专项政策，也有涉及乡村旅游和文化的相关政策，虽然切入点不同，但都充分考虑了旅游与文化在乡村振兴中的作用与贡献，提出了具体的意见与举措，具有很强的指导意义。二是政策覆盖面广，针对性很强。这些文件从金融、体育、农村环境整治、智慧旅游、非物质文化遗产、乡村治理等多个维度、多个层面对旅游、文化赋能乡村振兴进行部署安排，形成了相互配套、相互衔接、相互支撑、相互促进的政策体系，既瞄准重点，又打出"组合拳"，有力有效推进乡村振兴。三是政策密度高，文化和旅游赋能乡村振兴作用日益彰显。党的十九大以来，文化和旅游赋能乡村振兴的相关政策密集出台，充分说明在脱贫攻坚战取得全面胜利、完成消除绝对贫困的艰巨任务，我国踏上全面推进中国特色社会主义乡村振兴的大道，"三农"工作重心发生历史性转移的时代背景下，文化和旅游在全面推进乡村振兴、推进乡村全面振兴、实现共同富裕的征程上应更有担当、更有作为。

表1-2 文化和旅游赋能乡村振兴的主要政策（国家部委局办层面）

文件名称	发文单位	发布时间	主要内容
促进乡村旅游发展提质升级行动方案（2018年—2020年）	文化和旅游部、国家发展改革委等13部门	2018年10月	补齐乡村旅游道路和停车设施建设短板；推进垃圾和污水治理等农村人居环境整治；建立健全住宿餐饮等乡村旅游产品和服务标准；鼓励引导社会资本参与乡村旅游发展建设；加大对乡村旅游发展的配套政策支持；等等。
关于促进乡村旅游可持续发展的指导意见	文化和旅游部、国家发展和改革委等17部门	2018年12月	加强规划引领，优化区域布局；完善基础设施，提升公共服务；丰富文化内涵，提升产品品质；创建旅游品牌，加大市场营销；注重农民受益，助力脱贫攻坚；整合资金资源，强化要素保障；等等。
关于加强和改进乡村治理的指导意见	中共中央办公厅、国务院办公厅	2019年6月	加强农村文化引领，挖掘文化内涵，培育乡村特色文化产业，助推乡村旅游高质量发展；加强农村演出市场管理，营造健康向上的文化环境；等等。
关于金融支持全国乡村旅游重点村建设的通知	文化和旅游部办公厅、中国农业银行办公室	2019年7月	明确包括加大信贷投放、推进产品创新、延伸服务渠道、促进乡村消费等八项措施。

续表

文件名称	发文单位	发布时间	主要内容
关于进一步激发文化和旅游消费潜力的意见	国务院办公厅	2019年8月	积极发展休闲农业,大力发展乡村旅游,实施休闲农业和乡村旅游精品工程,培育一批美丽休闲乡村,推出一批休闲农业示范县和乡村旅游重点村,等等。
关于加快发展流通促进商业消费的意见	国务院办公厅	2019年8月	改善提升乡村旅游商品和服务供给,鼓励有条件的地区培育特色农村休闲、旅游、观光等消费市场,等等。
"十四五"公共文化服务体系建设规划	文化和旅游部	2021年6月	推进城乡公共文化服务体系一体建设;以文化繁荣助力乡村振兴;等等。
关于推动城乡建设绿色发展的意见	中共中央办公厅、国务院办公厅	2021年10月	完善文化和旅游消费场所设施,推动发展城市新业态、新功能;培育乡村文化、旅游、休闲、民宿、康养、民宿等新业态,推动农村一、二、三产业融合发展;等等。
农村人居环境整治 提升五年行动方案(2021—2025年)	中共中央办公厅、国务院办公厅	2021年12月	加快建设乡村景区旅游厕所;弘扬优秀农耕文化,加强传统村落和历史文化名村名镇保护;等等。
关于推动文化产业赋能乡村振兴的意见	文化和旅游部等六部门	2022年4月	主要从创意设计、演出产业、音乐产业、美术产业、手工艺、数字文化、其他文化产业和文旅融合等八个重点领域赋能乡村振兴。

续表

文件名称	发文单位	发布时间	主要内容
关于促进乡村民宿高质量发展的指导意见	文化和旅游部等十部门	2022年7月	完善规划布局，优化资源开发；丰富文化内涵，加强产品建设；引导规范发展，加强品牌引领；创新经营模式，带动增收致富；加强宣传推广，引导合理消费；等等。
关于推动非物质文化遗产与旅游深度融合发展的通知	文化和旅游部	2023年2月	支持将非物质文化遗产与乡村旅游、红色旅游、冰雪旅游、康养旅游、体育旅游等结合，举办"非遗购物节""非遗美食节"等活动，发展非物质文化遗产旅游；等等。
关于加强"5G+"智慧旅游协同创新发展的通知	工业和信息化部、文化和旅游部	2023年4月	建设"5G+"智慧旅游样板村镇；重点加强全国乡村旅游重点村镇和乡村旅游资源丰富地区的5G网络覆盖，开放乡村及旅游地区公共资源，推进5G乡村旅游资源和产品数字化建设，探索"5G+"乡村文化、"5G+"民俗风情等新型表现形式，打造5G乡村旅游精品项目，建设一批"5G+"智慧旅游样板村镇，助力乡村振兴；等等。

续表

文件名称	发文单位	发布时间	主要内容
关于推进体育助力乡村振兴工作的指导意见	国家体育总局等十二部委	2023年5月	创新乡村体育新业态新模式，拓展"体育+文旅+农业"；以体育丰富乡村文化，让乡风更文明；深化体旅农商融合发展；推出一批乡村体育旅游精品线路和网红打卡地；传承发展乡村传统体育非物质文化遗产，提升乡村民族民间民俗体育文化品质，支持乡村体育文化创作；推进民族传统体育与旅游融合发展；提升乡村群众的体育科学文化素养；等等。
关于释放旅游消费潜力推动旅游业高质量发展的若干措施	国务院办公厅	2023年9月	开展乡村旅游提质增效行动；开展文化产业赋能乡村振兴试点，推动提升乡村旅游运营水平；建设一批富有地域文化特色的乡村旅游重点村镇，推动实施旅游民宿国家标准，打造"乡村四时好风光"线路产品，开展"游购乡村"系列活动；因地制宜打造美丽田园、景观农业、农耕体验、休闲渔业、户外运动等新业态；等等。
关于持之以恒推动乡镇综合文化站创新发展的实施方案	文化和旅游部	2023年9月	进一步优化基层文化资源配置；广泛组织乡村品牌文化活动；充分发挥乡镇综合文化站阵地作用；加强基层文化队伍建设；等等。

第二章　湖南乡村文化和旅游发展概况

一、湖南概况

（一）基本情况

湖南省位于我国中部、长江中游，东临江西，南与广东、广西交界，西与重庆、贵州相接，北与湖北相连。因大部分区域处于洞庭湖以南而得名"湖南"，因省内最大河流湘江流贯全境而简称"湘"。湖南共辖13个地级市、1个自治州，辖122个县级行政区划、1944个乡级行政区划，共有行政村2.36万个。截至2023年末，湖南省常住人口6568万人。其中，城镇人口4017万人，城镇化率61.16%。

（二）文化和旅游资源情况

湖南文化和旅游资源十分丰富。按照国家旅游资源分类标准，拥有全部8个主类、29个亚类中94%的基本类型①。境内名胜古迹众多，是闻名遐迩的旅游胜地，属于旅游资源大省。自古就有"人文湘楚、山水湖南"的美称，古有"潇湘八景"引人驻足泼墨，名声响彻宇内。现有2处世界自然遗产——张家界武陵源风景区、邵阳崀山丹霞地貌中外闻名，1处世界文化遗产——老司城令人叹为观止。湖南还有22个国家级风景名胜区、12个国家AAAAA级旅游景区、14个国家级夜间文化和旅游消费集聚区等一批有代表性的旅游目的地。湖南历史悠久，文化灿烂，属于文化大省。8000多年以前，人类先祖便在湖南生息繁衍，过着以原始农业和家畜饲养为主的定居生活。被誉为"中国最早的城市"的常德城头山古文化遗址是中国农耕文化的代表，见证了人类早期的历史与文明。作为全国十个文物大省之一，长沙马王堆汉墓、龙山里耶古城遗址等一系列考古成果为中华文明探源做出了"湖南贡献"，让"万年湖南"享誉海内外。秉承"经世致用，敢为人先"的湖湘文化精髓，中国历史上尤其是近代以来，湖南人才辈出，涌现出曾国藩、左宗棠、胡林翼、谭嗣同、唐才常、熊希龄、黄兴、宋教仁、蔡锷等一大批深刻影响中国历史进程的杰出人物，更是走出了毛泽东、刘少奇等中华人民共和国缔造者的历史伟人。湖南民俗绚丽多彩，花鼓戏、昆剧、湘剧、祁剧和常德丝弦等民间歌舞享誉中外；土家族、苗族、侗族、瑶族等特色民俗文化与风情令人沉醉；作为汉族八大菜系之一的湘菜闪耀着湖南饮食文化的光芒，受到众人喜爱；湘绣、滩头木版年画、皮影戏、江永女书等118项民俗艺术被

---

① 林梓，肖刚．湖南省乡村旅游类型及其空间格局研究 [J]．中国农业资源与区划，2023，44（12）：131-141．

列为国家非物质文化遗产项目。截至2023年12月，湖南共有十大类非遗代表性项目5254个、代表性传承人4841人。其中，国家级非遗代表性项目137个、省级非遗代表性项目410个；国家级代表性传承人121人、省级代表性传承人304人。有4个国家级和省级文化生态保护（实验）区、8个国家生产性保护基地和302个各级非遗工坊。①截至2023年5月，湖南有长沙、岳阳、永州、凤凰4个国家历史文化名城，有郴州等16个湖南省历史文化名城。

（三）文化和旅游业发展情况

湖南既是旅游资源大省也是旅游产业大省，凭借丰富的自然和人文旅游资源，湖南旅游业发展迅速，获得了广泛的市场认可，表现出强劲的发展活力，展现出强大的旅游带动作用。以"到2035年建成世界旅游目的地"为目标，湖南努力打造以张家界等为代表的奇秀山水名片、以韶山等为代表的经典红色名片、以长沙等为代表的城市文化和都市休闲名片、以南岳衡山等为代表的历史文化名片、以城头山古文化遗址等为代表的农耕文化名片，为湖南旅游发展明确了方向、凝聚了共识。2023年，湖南全省接待旅游总人数65781.22万人次，同比增长51.28%，其中接待国内游客65669.13万人次，全省实现旅游总收入9565.18亿元。②2024年上半年，湖南省共接待旅游总人数3.22亿人次，实现旅游

---

① 易中华.把非遗保护好传承好 担负起新的文化使命[EB/OL].（2024-05-27）[2024-08-05].http：//www.hnzy.gov.cn/content/646849/61/13940842.html

② 黄煌.湖南2023年接待游客近6.6亿人次[N].湖南日报，2024-01-27（001）.

总收入4927.71亿元，同比分别增长10.33%、12.7%。[①]湖南旅游业发展亮点多多，旅游饭店出租率排名全国首位，拥有三千年历史的历史文化名城网红城市长沙成为网友口中"一年四季，只有旺季"的城市，郴州成为大湾区人民最喜爱的旅游目的地之一……

深厚的文化底蕴，丰富多彩、类型繁多的文化资源，构成湖南文化产业高质量发展的基石。湖南正从文化大省向文化强省目标不断迈进，文化产业快速发展。文化成为全省经济社会发展的一张重要名片和现代化建设的一支重要力量，文化产业发展稳居全国第一方阵。2022年，湖南文化及相关产业实现增加值2506.53亿元，比上年增长4.7%，占地区生产总值的比重为5.27%。[②]湖南打造了一批优质文化企业，《乘风2023》《大宋少年志2》等一大批优秀影视作品、综艺节目"文化输出""乘风出海"，"湘"字号文化产品、文化项目和文化品牌叫响全国，"电视湘军""出版湘军""动漫湘军""娱乐湘军"蜚声业界，17家湖南文化、科技企业入选2023—2024年度国家文化出口重点企业，"湖南文化现象"引人关注。张家界实景剧《遇见大庸》获评文旅部首批文旅新业态示范案例，湖南博物院"辛追夫人3D数字人"等文化与科技的融合让文化更有生命力。2024年，湖南出台《打造万亿产业，推进文化创意旅游产业倍增若干措施》《推进全省文化创意旅游产业链大招商的若干措施》，明确提出工业旅游、数字演艺、历史文化街区等八大业态，推动旅游与文

---

① 刘涛.湖南上半年接待游客3.22亿人次[N].湖南日报，2024-08-03（001）.

② 2022年湖南文化及相关产业增加值占GDP比重为5.27%.[EB/OL].（2024-02-19）[2024-08-05].http://tjj.hunan.gov.cn/hntj/tjgz/tjyw/sjyw/202402/t20240219_32875292.html

化创意、现代农业、新型工业、先进制造、生物科技、航空航天等传统优势产业和未来新兴产业融合发展，推动文旅融合更上新台阶。

二、湖南乡村文化和旅游资源概况

湖南乡村是文化和旅游资源富集地。多种多样的地貌形态、水热并丰的气候条件、形态各异的水域风光、丰富多奇的生物景观等赋予湖南乡村旅游发展良好的自然生态环境，悠久的历史文化、多彩的民俗风情等赋予湖南乡村文化和旅游发展良好的人文环境，呈现资源分布广泛、类型丰富多样、地方特色鲜明等特点。

（一）山川秀美，自然资源丰富

湖南地貌类型多样，有半高山、低山、丘陵、岗地、盆地和平原，以山地、丘陵为主。山地面积1084.9万公顷，占全省总面积的51.22%（包括山原面积1.66%），丘陵面积326.27万公顷，占15.40%。湖南地势东、南、西三面被连绵起伏的山脉所环抱，具体而言：东面屹立着幕阜山脉、连云山脉、九岭山脉、武功山脉、万洋山脉以及诸广山脉，它们与江西省形成自然分界；南面，则是由大庾岭、骑田岭、萌渚岭、都庞岭和越城岭共同构筑的五岭山脉（亦称南岭山脉），宛如一道天然的屏障；而西面，则延展着呈北东—南西走向的雪峰山脉与武陵山脉，气势磅礴。中部地区，湖南则展现出另一番风貌，大部分地区为红岩盆地与灰岩盆地交错分布，其间点缀着起伏的丘陵与层叠的阶地，地形复杂多变。转至北部，则是湖南省地势最为低洼且平坦的洞庭湖平原，这里沃野千里，土地肥沃，是湖南的农业重镇。整体而言，湖南的地势特征可以概括为"三面环山，中部丘岗，北部平原"，形成了一个独特的地理格局——一个朝向东北方向开口的不对称马蹄形地形。这样的地形不仅赋予了湖南丰富的自然景观，也深刻影响着该地区的气候、水系以及人类活动的布局。

得天独厚的地理条件赋予湖南乡村丰富的名山、洞穴、典型地质构造等乡村旅游资源。西部的张家界砂岩塔状峰柱地貌，为中国特有、世界罕见，集大自然奇、险、秀、幽于一身，1992年被联合国教科文组织列入世界自然遗产名录。新宁崀山突起的石林群落、复杂的石灰岩溶洞、神秘的峡谷群和美丽的扶夷江流，构成了碧水丹崖的自然景观，2010年被联合国教科文组织列入世界自然遗产名录。南岳衡山群峰叠翠，万木争荣，流泉飞瀑，风景绮丽，素有"五岳独秀"的美誉。武陵源的黄龙洞、凤凰的奇梁洞、龙山县的飞虎洞等名洞极具规模和景观美学价值。

亚热带气候的多雨湿润环境，使湖南省水域风光资源丰富，境内河流众多，河网密布，水系发达，5000米以上的河流有5341条。湘江、资水、沅水和澧水等四大水系及洞庭湖让湖南乡村因水而更加灵动，形成了整个湖南山清水秀的自然景观。此外，汩罗江、浏阳河、猛洞河等著名河流也有着丰富的文化底蕴和美丽的自然风光。有"南半洞庭湖"之称的东江水库，已成为郴州市生态旅游的龙头。益阳桃花江，常德桃花源，永州浯溪、愚溪和濂溪，张家界金边溪等小溪、小河点缀在乡村山水之间，引人入胜。张家界万福温泉、宁乡灰汤温泉、湘西不二门温泉、郴州莽山森林温泉等为游客所熟知。

四季分明，光热充足，降水丰沛，雨热同期的气候为湖南乡村旅游活动的开展提供了优越的条件。"山市晴岚""江天暮雪""潇湘烟雨""渔村夕照"等气象气候景观为乡村旅游者增添了兴致。衡山烟云、南岳雨淞、天子山云海、张家界云雾等气象气候景观吸引众多乡村旅游者。湖南省优越的地理位置和独特的地貌和气候环境，使其动植物具有起源古老、种属丰富、森林植被覆盖率高和木林蓄积量大等特点。[1]作为全国乃至世界珍贵的生物基因库之一，湖南生物资源丰富多样，有国家一级保护动物华南虎、云豹、白鹤等18种；有占全国总量的17.7%的水杉、珙桐、绒毛皂荚等55种国家保护珍稀野生植物；有数量居全国第7位的种子植物约5000种。张家界国家森林公园、浏阳大围山、资兴天鹅山、凤凰南华山、宜章莽山、宁远九嶷山、湘乡东台山、张家界天门山等国家森林公园为旅游者提供了森林休闲度假的好去处，壶瓶山、莽山、小溪、八大公山、东洞庭湖等国家级自然保护区让旅游者充分领略了大自然的魅力。

（二）历史悠久，文化底蕴深厚

湖南乡村有丰富的遗址遗迹、聚落遗产、农业遗产等，湖湘文明源远流长。永顺老司城遗址完整体现了中国土司文化，作为我国规模最大、保存最完整、历史最悠久、最具价值特征代表性的土司城遗址，2015年列入世界文化遗产，也是湖南目前唯一的世界文化遗产。位于炎陵县鹿原镇炎陵山南麓的炎帝陵，是中华民族人文始祖炎帝神农氏的安寝之地。位于宁远县九嶷山瑶族乡的舜帝陵，见证了中国古代文明的起源，承载着丰富的历史文化和人文景观。道县玉蟾岩、怀化高庙、澧县城头山等稻作文化遗址见证了中华农耕文明、华夏文明的发祥。韶山、

---

① 杨载田 . 湖南乡村旅游研究 [M] 北京：华龄出版社，2006.

汝城沙洲、通道转兵、桑植红二方面军长征出发地、十八洞村和浏阳文家市等乡村红色底蕴深厚，红色资源丰富。中华始祖文化、红色文化、书院文化、宗教文化、历史聚落文化、湖湘名人文化、农业文化、工业文化、石刻文化、交通文化等十大文化标识体系在乡村汇集，将全省的历史文化保护空间划分为六大历史地理区域，即：湘北·洞庭湖及长江岸线（湖南段）区域，是长江国家文化公园（湖南段）和湖南考古工作的重要区域；湘东·幕阜罗霄区域，为革命文化聚集区；湘西·武陵山区域，是长征国家文化公园（湖南段）的重要区域；湘南·南岭区域，是自古以来湖南与岭南地区的交通枢纽；湘中·衡山、雪峰山区域，是全国宗教文化的重要区域；长株潭都市区域，是湖湘文化资源的富集之地。①凭借数量众多、风貌完整、集聚度高、类型丰富的乡村历史文化资源，湖南涌现了一批历史文化名镇名村。湖南现有里耶镇等10个中国历史文化名镇（表2-1）、张谷英村等25个中国历史文化名村（表2-2）、临湘市聂市镇等35个省级历史文化名镇、湘乡市壶天村等231个省级历史文化名村、汝城县沙洲文旅小镇等23个文旅特色小镇。"天下第一村""民间故宫"张谷英村历经26世、聚族同居600余年，繁衍达数万人，有着中国保存最为完整的江南民居古建筑群落，2001年被公布为全国重点文物保护单位。江永上甘棠村同时具有建筑、商业、书院、宗教等文化特色与保存完好的古村落，作为地域文化与乡土记忆的重要载体吸引旅游者慕名前往。遍布湖南乡村的传统民居、侗寨鼓楼、会同瑶家木楼等古老建筑与设施，仍然散发着特有的文化气息。

---

① 摘自《湖南省历史文化和文物保护国土空间专项规划（2023—2035年）》。

表2-1　2024年8月湖南中国历史文化名镇情况统计表

序号	名称	序号	名称
1	里耶镇	6	边城镇（茶峒镇）
2	芙蓉镇（王村镇）	7	高沙镇
3	靖港镇	8	聂市镇
4	浦市镇	9	文家市镇
5	寨市镇	10	芦洪市镇

表2-2　2024年8月湖南中国历史文化名村情况统计表

序号	名称	序号	名称
1	张谷英村	14	捞车村
2	上甘棠村	15	大园村
3	干岩头村	16	荆坪村
4	高椅村	17	龙家大院村
5	坦田村	18	楼田村
6	龙溪村	19	沙洲村
7	板梁村	20	永丰村
8	五宝田村	21	石泉村
9	上堡村	22	虎溪村
10	兰溪村	23	明中村
11	芋头村	24	双凤村
12	坪坦村	25	沩山村
13	老司城村		

（三）多姿多彩，民俗风情浓郁

作为一个多民族省份，湖南有汉、土家、苗、侗、瑶等56个民族，土家、苗、侗、瑶、白、回、壮、维吾尔、满、蒙古和畲族等11个少数民族世居人口较多，共同构成了多元的民族文化。每个民族的文化丰富多彩，而特色文化景观资源大多分布在宁静的乡村，古朴神奇，充满诗情画意，极具原生美，特色十分鲜明。[1]富有地方特色的民俗活动对旅游者有着独特魅力，提高了湖南旅游品位，丰富了湖南旅游文化内涵，乡村旅游的深度和广度不断拓展，打造了别具特色的湖南乡村旅游品牌。苗族传统群众性娱乐节俗活动赶秋时组织开展的对歌、跳鼓、打秋千等娱乐项目吸引了本地及四面八方的客人。土家族的情歌、哭嫁歌、摆手歌、劳动歌、盘歌，摆手舞、八宝铜铃舞及歌舞茅古斯等展演，再现了古代先民狩猎、军事、农事、宴会的场景，鲜明的节奏、优美的动作、朴素浓郁的生活气息让游客穿越古今沉浸式体验古老的民间节日活动。花鼓戏、昆剧、湘剧、祁剧和常德丝弦等民间歌舞享誉中外，产生了一批在推动乡村振兴、文旅融合、文化产业创新发展等方面有示范作用的民间艺术之乡。2021—2023年度，湖南邵阳市隆回县虎形山瑶族乡等9个县（市、区）入选中国民间文化艺术之乡（表2-3），数量排名全国第四。

---

[1] 邹宏霞，于吉京，苑伟娟.湖南乡村旅游资源整合与竞争力提升探析[J].经济地理，2009，29（04）：678-682.

表2-3　2024年8月湖南中国民间文化艺术之乡情况统计表

序号	名称	代表性民间文化资源或艺术形式
1	邵阳市隆回县虎形山瑶族乡	花瑶挑花
2	永州市祁阳市	祁剧
3	张家界市桑植县五道水镇	桑植民歌
4	郴州市资兴市	摄影
5	怀化市通道侗族自治县坪坦乡	侗族芦笙
6	衡阳市常宁市	版画
7	常德市桃源县九溪镇	板龙灯
8	湘西土家族苗族自治州花垣县	苗绣织锦
9	岳阳市临湘市白羊田镇	天狮舞

三、湖南乡村文化和旅游产业发展概况

（一）湖南乡村旅游产业发展历程

1. 起步初创阶段（20世纪90年代初—2005年）

20世纪90年代以来，乡村旅游开始在我国各地兴起，湖南省乡村旅游也起步于这一时期。湖南省政府积极开发乡村旅游资源，把乡村旅游资源的开发纳入统一规划。[①]在1998年到2010年湖南旅游发展总体布局

①　邹宏霞.对湖南乡村旅游资源开发的思考[J].湖南农业大学学报（社会科学版），2005（06）：30-33.

的14项专项旅游产品中，就有依托"湘西德夯民俗村""岳阳张谷英村"等打造的"民族风情"类旅游产品。当时的乡村旅游以"农家乐"为主要形式，游客以观赏田园风光、度假休闲为主要目的。长沙、益阳两市率先出现了以钓鱼休闲、吃农家菜、住农家房、观农家景、干农家活为主要内容的"农家乐"。①这一时期，湖南乡村旅游虽然已经起步并表现出了强劲的发展势头，但无论从市场规模，还是从产品数量与类型、业态成熟度来看，当时湖南乡村旅游还处于较低级的初创阶段。2005年，湖南省共有农家乐3646家，年接待游客1500余万人次，实现旅游收入近10亿元人民币。2005年湖南省旅游业年度报告指出，"城郊农家乐休闲旅游日益火爆，成为城市居民假日出游的主要形式"。

2. 快速发展阶段（2006—2014年）

2005年，在党的十六届五中全会上，提出建设社会主义新农村的历史任务。同年，时任国务院副总理吴仪同志在全国旅游工作会议上指出："旅游业发展要有新思路，要把旅游业与解决'三农'问题结合起来，积极开发农村旅游资源，大力发展农业旅游。"随即，国家旅游局将2006年的全国旅游主题确定为"2006年中国乡村游"，乡村旅游在各地得到了前所未有的推动和发展。湖南乡村旅游在有效的"政策引导、政府扶持、群众参与"下呈现蓬勃发展态势，成为当时旅游业的新经济增长点和亮点。但在取得可喜成绩的同时，也出现了诸多问题：

---

① 湖南休闲农业的发展现状与展望[EB/OL].（2013-11-09）[2024-08-05].
https://agri.hunan.gov.cn/xxgk/ghjh/201311/t20131109_3368813.
html

一是缺乏统筹规划，市场发展无序。在旅游市场的强劲需求和丰厚的利润回报下，一批不具备应有资质和条件的企业与人员大量涌入乡村旅游市场，给正规经营的旅行社和导游人员等造成强有力的冲击，导致无序的市场竞争，影响了旅游市场的稳定，扰乱了乡村旅游市场秩序。

二是主题错位，削弱了乡村旅游应有的吸引力。由于乡村旅游市场缺乏统一管理，乡村旅游景点各行其是，在市场开发上主要体现为量的大量重复及质的大量雷同，致使资源大量浪费，行业发展水平和层次始终难以提升。经营管理过程中，很多管理者盲目学习外地的开发经验，结果由于财力不足和本身对旅游行业规律的认知水平低，邯郸学步，失去自我。个别有点儿经营头脑的乡村游经营者虽立志开发具有地区特色的旅游产品，但开发只触及皮毛，缺乏规划性、系统性、互补性，缺乏深度和广度。

三是基础设施不完善，难以满足旅游需要。当时乡村旅游多数远离城镇，旅游基础设施成为制约乡村旅游发展的瓶颈，主要集中在交通条件、卫生条件、住宿条件等方面。交通不便使很多旅游者望而生畏，卫生条件、住宿条件的不利又会使这些旅游地区即使把游客吸引到景点，也无法使客人产生停留的愿望，缩减了原本可能获得的进一步经济收益。

针对上述问题，如何推动湖南乡村旅游可持续健康发展成为政策制定者、经营管理者、行业从业人员亟须解决的问题。着眼于解决这些问题，湖南乡村旅游进入了快速发展阶段，表现出以下几个特点：

一是相关政策、文件、标准相继出台，乡村旅游发展的环境更加友好。2006年，湖南省下发《关于加快休闲农业发展的通知》，在全国率先提出将休闲农业纳入新农村建设的整体规划。2007年，湖南先后出台《关于加快发展旅游产业的决定》《关于加快乡村旅游发展的通知》，对推动湖南省乡村旅游快速发展进行部署与安排。2010年，湖南省旅游局颁布《湖南省乡村旅游服务星级评定准则》《湖南省乡村旅游服务经营基本条件》等乡村旅游相关的地方标准。2012年，出台《休闲农业庄园建设规范》和《休闲农业庄园星级评定准则》。

二是标杆品牌意识不断增强，乡村旅游品牌效应逐渐彰显。2006年12月，湖南在常德召开乡村旅游座谈会。2010年，在全省实施乡村旅游建设"3521"工程，即从2010年起在全省创建30个旅游强县、50个特色旅游名镇（乡）、200个特色旅游名村、10000个星级乡村旅游区（点）和旅游家庭旅馆。通过历时三年的工程创建，逐渐形成了一个相对完整的湖南乡村旅游体系，一批旅游强县、特色旅游名镇、特色旅游名村及五星级乡村旅游区（点）脱颖而出，成为行业标杆，湖南乡村旅游的影响力不断扩大，乡村旅游基础设施不断改善。

三是乡村旅游业态不断丰富，乡村旅游综合效益不断凸显。这一时期，湖南乡村旅游不仅是旅游人数显著增加，而且产品品质有了质的飞跃。乡村旅游从简单的"农家乐"不断向多元化发展，实现功能升级、业态延伸、服务提高，以休闲、度假或者是乡村节庆活动为内容的乡村旅游受到广大游客青睐。截至2013年底，湖南共有全国休闲农业与乡村旅游示范县7个、示范点14个；国家级、省级旅游强县34个，旅游名镇60个、名村195个，乡村休闲旅游区点4000多家，其中星级乡村旅游区点2019家、五星级214家。乡村旅游区点全年接待乡村旅游人数1.2亿人次，实现旅游收入190亿元。

3. 提质升级阶段（2015—2021年）

随着湖南乡村旅游不断升温，吹响了产业提质升级发展的"冲锋号"。湖南省采取了一系列措施：

一是出台政策，引导行业发展。2015年，湖南出台《湖南省乡村旅游提质升级计划（2015—2017）》，提出"充分发挥乡村旅游业的综合带动和脱贫致富作用，推动旅游业和农业的融合发展"。在升级计划的引领下，湖南乡村旅游从加强规划设计创新、提高建设开发水平、培育休闲度假产品体系、提升经营管理水平、加强营销宣传推介、加强行业队伍建设等方面不断发展提质。

二是制定标准，规范行业发展。2017年，出台《乡村旅游区（点）星级评定准则》。2018年，出台《"两型"精品民宿标准》。2019年，组织开展乡村旅游重点村和文旅特色小镇的评选遴选推荐工作。

三是强化激励，推动行业发展。从2016年开始，每年分别举办春、夏、秋、冬乡村旅游节，依托主题节会，引领乡村旅游发展。2019年，实施"湖南省旅行社送客入村奖励办法"，通过政策奖励调动旅行社和行业协会的积极性，吸引更多的游客走进乡村。密集出台的政策、强劲有力的措施，推动湖南乡村旅游进入了一个黄金发展时期，各地乡村旅游火爆，热度不断升高。2019年，全省有11个乡村被国家文旅部、国家发改委列入全国乡村旅游重点村名录，有36个乡村被列入湖南省乡村旅游重点村名录。截至2020年4月，全省星级乡村旅游区（点）共有1275家，其中五星级416家、四星级493家、三星级366家。

4. 融合发展阶段（2022年至今）

经过三十余年的发展，湖南乡村旅游从初创阶段到快速发展阶段再到提质升级阶段，呈现出产品结构不断优化、业态日益丰富，市场更趋活跃等可喜的变化，乡村旅游经历了从"量"的增加到"质"的提升。随着乡村旅游游客偏好的变化、数字技术的快速发展，旅游者消费需求日益多元化、个性化，多业态的玩乐需求、深层次的文化需求不断升级，给湖南乡村旅游发展提供了更为广阔的发展空间、提出更高发展要求，赋予湖南乡村旅游发展新动能，催生了一大批新产业新业态新模式。除了传统的观光旅游外，度假康养等多元化的旅游产品使乡村旅游变得更加丰富多彩，湖南乡村旅游产品的种类更加丰富多样，旅游产业链条不断延展，"旅游+文化""旅游+农业""旅游+工业""旅游+新业态"等乡村旅游发展新模式粗具规模。湖南乡村旅游新业态的开发及产业链的形成，不断促进乡村旅游品质提升和内涵发展，实现湖南乡村旅游可持续发展。此外，湖南大力实施文创旅游产业倍增计划，持续推进乡村旅游"四个一百"示范工程，"湘村相见"湖南乡村文旅系列活动呈现前所未有的活跃态势。通过挖掘乡村自然资源，活化乡村人文资源，将文化、旅游发展与乡村深度融合，重构旅游空间和场景，创新升级业态，促进一、二、三产业融合发展，走乡村美、文旅兴、产业旺、群众富的乡村振兴之路已成为湖南的重要课题。

（二）湖南乡村旅游产业发展现状

近年来，湖南把乡村旅游作为推动农村发展的重要抓手，加强区域内旅游资源的整合、宣传，不断完善旅游基础设施建设，乡村旅游发展势头强劲，发展前景广阔。

一是产业发展迅速，规模不断扩大。湖南立足生态、文化、资源优势，谋划乡村旅游高质量发展，打造各具特色的乡村旅游产业。以湘西为例，围绕神秘湘西旅游品牌，走出了湘西乡村旅游特色发展道路。围绕民族文化保护与挖掘，以州内两个主体少数民族为引领，打造土家族和苗族特色村寨和旅游线路，湘西土家族苗族自治州被评为中国最美乡村旅游目的地。一些乡村旅游节庆活动如"四月八""六月六""鼓文化节"等成为湘西乡村旅游名片，一批具有湘西特色的旅游文创产品、旅游商品如古丈毛尖、黄金茶、蜡染、苗绣、土家织锦等深受游客喜爱。2023年，湘西州接待游客5770万人次，实现旅游收入564亿元，分别增长25.3%、18.7%。从全省范围来看，2023年国庆节前五天，湖南75家乡村旅游区累计接待游客98.59万人次，同比增长71.75%；实现营业收入7430.85万元，同比增长60.73%。湖南其他地区乡村旅游也成绩亮眼：近5年长沙乡村累计接待游客达2.5亿人次，实现乡村旅游收入2100亿元，比上一个五年增长40%以上。2024年元旦期间，湘潭市纳入假日旅游监测的11家乡村旅游景区共接待游客1.66万人次，同比增长266.97%。湘西州的竹山村、捞车河村、墨戎苗寨、夯吾苗寨、十八洞村等10个乡村旅游景区累计接待游客1.54万人次，实现营业收入260.59万元。

二是产业迭代升级，业态不断丰富。从以传统村镇观光、农家乐为主的初级发展阶段，向以乡村民宿、乡村度假酒店、露营地、风景道、田园综合体和旅游小镇等多元业态类型为依托的集观光、休闲、度假为一体的融合发展阶段转变①。在多样化的市场需求催生下，依托乡村优质的生态环境、优美的田园风光、富有特色的乡土文化等，农业生产与文化观光、休闲体验、度假康养、亲子娱教等融合发展，农业观光、农耕研学、农事节庆、非遗体验、民俗演艺、红色旅游、户外露营、运动休

---

① 陈劼绮，陆林.乡村旅游创新的理论框架与研究展望[J].地理学报，2024，79（04）：1027-1044.

闲等乡村旅游新业态不断丰富，产品结构不断优化。伴随着乡村旅游产业的迭代升级，对乡村旅游产品的品质要求日益提高，乡村民宿、乡村美食、乡村旅游购物的标准不断提升，档次不断升级。此外，物联网技术、大数据分析、人工智能、云计算等科技手段的进步，正在推动乡村旅游的创新与升级。运用科技力量，打造独特的乡村旅游体验正在成为现实。当前，湖南乡村旅游正朝着从"有"到"优"向由"优"向"强"转变。在这一转变过程中，要求传统乡村旅游向产业融合发展转变、向智慧乡村旅游转变，能否把握乡村旅游发展趋势，积极培育引导新业态新模式，提升乡村旅游产品的品质，是湖南乡村旅游高质量发展的关键。

三是影响不断扩大，品牌效应彰显。近年来，湖南积极探索乡村旅游高质量发展的有效路径，不断丰富乡村旅游产品供给，提升乡村旅游产品品质，大力开展乡村旅游品牌宣传，乡村旅游知名度和美誉度不断提高，创建一大批在全国有影响力的乡村旅游品牌，打造了一批国内外著名的乡村旅游目的地。为充分发挥品牌的示范引领作用，湖南积极开展乡村旅游重点村、乡村旅游重点镇（乡）创建工作。截至2024年7月，湖南省共有全国乡村旅游重点村48个（表2-4）、全国乡村旅游重点镇6个（表2-5）、全国休闲农业重点县6个（表2-6）、省级乡村旅游重点村228个（表2-7）、省级乡村旅游重点镇（乡）43个（表2-8）。2023年，湖南提出开展乡村旅游"四个一百"工程建设，即2023—2025年，在全省范围内支持建设乡村旅游精品民宿聚集区、乡村旅游精品营地、乡村旅游精品村、乡村旅游精品廊道各100个。2023年组织评定乡村旅游精品民宿聚集区16个、乡村旅游精品营地25个、乡村旅游精品村30个、乡村旅游精品廊道15个（表2-9）。

表2-4　2024年8月湖南全国乡村旅游重点村情况统计表

地区	数量	全国乡村旅游重点村名称	评定时间
长沙	4	长沙市长沙县果园镇浔龙河村	2019
		长沙县开慧镇锡福村、浏阳市张坊镇田溪村	2020
		长沙市浏阳市古港镇梅田湖村	2022
株洲	2	攸县酒埠江镇酒仙湖村、炎陵县十都镇密花村	2020
湘潭	3	湘潭市韶山市银田镇银田村	2019
		韶山市韶山乡韶山村	2020
		湘潭市岳塘区昭山镇七星村	2022
衡阳	3	衡阳市衡阳县西渡镇新桥村	2019
		衡阳市南岳区南岳镇红星村	2020
		衡阳市珠晖区茶山坳镇堰头村	2021
邵阳	1	邵阳市洞口县罗溪瑶族乡宝瑶村	2021
岳阳	4	岳阳市汨罗市白水镇西长村	2019
		岳阳市屈原区河市镇三和村、临湘市羊楼司镇龙窖山村	2020
		岳阳市汨罗市屈子祠镇新义村	2022
常德	4	常德市安乡县安康乡仙桃村	2019
		桃源县枫树维回乡维回新村、津市毛里湖镇青苗区	2020
		常德市津市市金鱼岭街道大关山村	2021
张家界	6	张家界市慈利县三官寺土家族乡罗潭村	2019
		张家界市永定区尹家溪镇马儿山村、张家界武陵源区协合乡龙尾巴村、张家界武陵源区天子山街道泗南峪社区	2020
		张家界市永定区王家坪镇马头溪村	2021
		湖南省张家界市慈利县三官寺土家族乡株木岗村	2022
益阳	4	益阳市南县乌嘴乡罗文村	2019
		桃江县大栗港镇刘家村、益阳市资阳区长春镇紫薇村	2020
		益阳市赫山区泉交河镇菱角岔村	2021

地区	数量	全国乡村旅游重点村名称	评定时间
郴州	2	郴州市汝城县文明瑶族乡沙洲瑶族村 安仁县永乐江镇山塘村	2019 2020
永州	6	永州市江永县兰溪瑶族乡勾蓝瑶村 宁远县湾井镇下灌村、双牌县茶林镇桐子坳村、新宁县崀山镇石田村、祁阳县茅竹镇三家村 永州市江永县千家峒瑶族乡刘家庄村	2019 2020 2022
怀化	3	通道侗族自治县坪坦乡皇都村、怀化市鹤城区大坪村 怀化市溆浦县统溪河镇穿岩山村	2020 2021
娄底	2	娄底市双峰县杏子铺镇双源村 娄底市新化县吉庆镇油溪桥村	2019 2021
湘西土家族苗族自治州	4	湘西土家族苗族自治州花垣县双龙镇十八洞村 永顺县灵溪镇司城村 湘西土家族苗族自治州凤凰县麻冲乡竹山村 湘西土家族苗族自治州吉首市矮寨镇德夯村	2019 2020 2021 2022
合计	48		

表2-5　2024年8月湖南全国乡村旅游重点镇（乡）情况统计表

地区	数量	全国乡村旅游重点镇（乡）名称	评定时间
长沙	1	长沙市长沙县开慧镇	2021
湘潭	1	湘潭市韶山市韶山乡	2021
郴州	1	郴州市汝城县文明瑶族乡	2021
衡阳	1	湖南衡阳市南岳区南岳镇	2022
张家界	1	张家界市武陵源区协合乡	2022
永州	1	永州市宁远县湾井镇	2022
合计	6		

表2-6 2024年8月湖南全国休闲农业重点县情况统计表

地区	数量	全国休闲农业重点县名称	评定时间
长沙	2	浏阳市 长沙县	2021 2023
张家界	1	张家界市永定区	2021
怀化	1	怀化市鹤城区	2022
娄底	1	湖南省新化县	2022
郴州	1	郴州市苏仙区	2023
合计	6		

表2-7 2024年8月湖南省乡村旅游重点村情况统计表

地区	数量	湖南省乡村旅游重点村名称
长沙	21	长沙县开慧镇锡福村、宁乡市黄材镇黄材村、浏阳市张坊镇田溪村、长沙县金井镇湘丰村、望城区铜官街道彩陶源村、宁乡市金洲镇关山社区、浏阳市古港镇梅田湖村、长沙县果园镇田汉社区、雨花区跳马镇石燕湖村、望城区铜官街道潭州社区、长沙县安沙镇和平村、长沙县开慧镇飘峰山村、长沙县开慧镇开慧村、湘江新区（岳麓区）莲花镇桐木村、长沙县果园镇花果村、长沙县金井镇金龙村、宁乡市大成桥镇鹊山村、望城区桥驿镇杨桥村、长沙县黄花镇银龙村、浏阳市文家市镇文家市村、浏阳市古港镇宝盖寺村
株洲	14	炎陵县十都镇密花村、攸县酒埠江镇酒仙湖村、茶陵县火田镇卧龙村、茶陵县严塘镇猷竹村、攸县鸾山镇新漕社区、炎陵县十都镇洋岐畲族村、攸县新市镇新联村、茶陵县严塘镇湾里村、醴陵市船湾镇清水江村、荷塘区仙庚镇仙庚岭村、炎陵县十都镇神农谷村、茶陵县严塘镇和吕村、攸县鸾山镇桃源村、醴陵市沩山镇沩山村

地区	数量	湖南省乡村旅游重点村名称
湘潭	16	韶山市韶山乡韶山村、岳塘区昭山镇七星村、韶山市韶山乡韶润村、岳塘区荷塘街道荷塘村、湘潭县乌石镇乌石峰村、湘潭县乌石镇乌石村、韶山市韶山乡黄田村、韶山市韶山乡大坪村、湘潭县易俗河镇梅林桥村、湘乡市龙洞镇泉湖村、湘乡市东郊乡浒洲村、韶山市清溪镇长湖村、湘乡市棋梓镇水府村、韶山市银田镇南村村、雨湖区姜畲镇青亭村、岳塘区荷塘街道指方村
衡阳	17	南岳区南岳镇红星村、珠晖区茶山坳镇堰头村、衡南县栗江镇六合村、祁东县归阳镇状元桥村、蒸湘区雨母山镇幸福村、常宁市西岭镇平安村、南岳区南岳镇水濂村、南岳区南岳镇荆田村、衡山县开云镇双全新村、衡阳县洪市镇明翰村、祁东县洪桥街道鼎兴村、常宁市西岭镇石山村、石鼓区黄沙湾街道灵官庙村、衡南县茶市镇怡海村、衡东县白莲镇白莲村、耒阳市永济镇大河边村、雁峰区岳屏镇山林村
邵阳	17	洞口县溪瑶族乡宝瑶村、新宁县崀山镇石田村、隆回县虎形山瑶族乡白水洞村、邵阳县五峰铺镇新田村、新邵县严塘镇白水洞村、洞口县毓兰镇山阳村、隆回县岩口镇向家村、新邵县坪上镇小河村、隆回县虎形山瑶族乡崇木凼村、洞口县菲溪瑶族乡菲溪村、新邵县严塘镇花亭子村、武冈市辕门口街道办事处古山村、邵阳县塘渡口镇蔡山团村、绥宁县寨市苗族侗族乡上堡村、城步县蒋坊乡柳林村、武冈市邓元泰镇赤塘村、新宁县崀山镇窑市村
岳阳	13	临湘市羊楼司镇龙窖山村、屈原区河市镇三和村、岳阳县黄沙街镇三和村、临湘市羊楼司镇梅池村、平江县加义镇杨林街村、汨罗市屈子祠镇新义村、华容县禹山镇南竹村、汨罗市弼时镇序贤村、汨罗市屈子祠镇永青村、平江县加义镇丽江村、华容县三封寺镇华一村、汨罗市长乐镇长乐街社区、云溪区云溪街道双花村

地区	数量	湖南省乡村旅游重点村名称
常德	17	桃源县枫树维回乡维回新村、津市市毛里湖镇青苗社区、石门县南北镇薛家村、安乡县三岔河镇梅家洲村、津市市金鱼岭街道大关山村、临澧县修梅镇高桥村、澧县澧南镇乔家河社区、桃源县沙坪镇赛阳村、临澧县佘市桥镇蒋家村、桃花源管理区桃仙岭街道白麟洲村、桃源县牛车河镇毛坪村、澧县澧南镇仙峰村、西湖管理区西洲乡黄泥湖村、桃源县牛车河镇三红村、石门县罗坪乡长梯隘村、西湖管理区西洲乡裕民村、柳叶湖旅游度假区柳叶湖街道白石社区
张家界	14	永定区尹家溪镇马儿山村、武陵源区协合乡龙尾巴居委会、武陵源区协合乡杨家坪村、永定区王家坪镇马头溪村、桑植县五道水镇芭茅溪村、永定区王家坪镇石堰坪村、桑植县空壳村乡陈家坪村、慈利县三官寺土家族乡株木岗村、武陵源区协合乡李家岗村、慈利县通津铺镇长峪铺村、桑植县刘家坪白族乡长征村、永定区王家坪镇木山村、慈利县溪口镇樟树村、慈利县三官寺乡大峡谷村
益阳	18	资阳区长春镇紫薇村、安化县渠江镇大安村、桃江县大栗港镇刘家村、安化县南金乡九龙池村、桃江县沾溪镇洋泉湾村、沅江市新湾镇新湾村、赫山区沧水铺镇碧云峰村、赫山区泉交河镇菱角岔村、资阳区长春镇龙凤港村、高新区谢林港镇清溪村、安化县马路镇马路溪村、安化县马路镇云台山村、桃江县桃花江镇崆峒村、赫山区泉交河镇奎星村、南县麻河口镇东胜村、赫山区八字哨镇金家堤村、沅江市琼湖街道小河咀村、大通湖区河坝镇沙堡洲村
郴州	17	北湖区保和瑶族乡小埠村、安仁县永乐江镇山塘村、资兴市三都镇流华湾村、临武县汾市镇龙归坪村、安仁县渡口乡石冲村、苏仙区栖凤渡镇瓦灶村、桂阳县正和镇朝阳村、临武县汾市镇玉美村、汝城县文明乡东山瑶族村、汝城县文明瑶族乡秀水瑶族村、苏仙区栖凤渡镇河头村、资兴市唐洞街道办事处大王寨村、安仁县永乐江镇新丰村、桂阳县正和镇和谐村、永兴县便江街道锦里村、桂东县沤江镇青竹村、安仁县永乐江镇高陂村

地区	数量	湖南省乡村旅游重点村名称
永州	16	祁阳县茅竹镇三家村、宁远县湾井镇下灌村、双牌县茶林镇桐子坳村、江华县湘江乡桐冲口村、零陵区南津渡街道香零山村、冷水滩区伊塘镇茶花村、宁远县湾井镇路亭村、江永县千家峒瑶族乡刘家庄村、祁阳市潘市镇龙溪村、零陵区富家桥镇涧岩头村、祁阳市潘市镇陶家湾村、双牌县上梧江瑶族乡盘家村、宁远县湾井镇周家坝村、道县梅花镇贵头村、新田县金陵镇小源村、蓝山县湘江源瑶族乡坪源村
怀化	17	通道县坪坦乡皇都村、溆浦县统溪河镇穿岩山村、鹤城区黄岩旅游度假区管理处大坪村、靖州县三锹乡地笋村、鹤城区坨院街道办事处双村村、溆浦县北斗溪镇坪溪村、通道县坪坦乡高步村、溆浦县葛竹坪镇山背村、鹤城区黄岩旅游度假区管理处白马村、溆浦县思蒙镇思蒙湾村、溆浦县北斗溪镇茅坡村、靖州苗族侗族自治县寨牙乡岩脚村、溆浦县统溪河镇统溪河村、麻阳苗族自治县隆家堡乡步云坪村、洪江市沅河镇沅城村、洪江区桂花园乡茅头园村、通道侗族自治县坪坦乡坪坦村
娄底	15	新化县奉家镇下团村、娄星区双江乡洪山村、新化县吉庆镇油溪桥村、涟源市六亩塘镇康坪村、冷水江市铎山镇眉山村、双峰县荷叶镇富托村、新化县奉家镇渠江源村、双峰县杏子铺镇江口村、涟源市湄江镇朱岩社区、娄星区杉山镇花溪村、双峰县杏子铺镇溪口村、新化县天门乡土坪村、娄星区双江乡万家村、双峰县锁石镇大溢塘村、新化县奉家镇上团村
湘西自治州	16	泸溪县浦市镇马王溪村、永顺县灵溪镇司城村、凤凰县麻冲乡竹山村、吉首市矮寨镇德夯村、古丈县默戎镇中寨村、保靖县迁陵镇陇木峒村、凤凰县山江镇雄龙村、龙山县苗儿滩镇捞车村、吉首市矮寨镇排兄村、泸溪县浦市镇黄家桥村、凤凰县廖家桥镇菖蒲塘村、花垣县双龙镇金龙村、吉首市矮寨镇中黄村、花垣县龙潭镇双坪村、保靖县复兴镇甘溪村、永顺县灵溪镇洞坎村
合计	228	

表2-8 2024年8月湖南乡村旅游重点镇（乡）情况统计表

地区	数量	湖南省乡村旅游重点镇（乡）	评定时间
长沙	4	长沙市望城区铜官街道	2021
		长沙市长沙县金井镇、长沙市长沙县果园镇	2022
		长沙市浏阳市古港镇	2023
株洲	3	株洲市炎陵县十都镇	2021
		株洲市茶陵县严塘镇	2022
		株洲市攸县鸾山镇	2023
湘潭	3	湘潭市湘潭县乌石镇	2021
		湘潭市韶山市银田镇、湘潭市岳塘区荷塘街道	2023
衡阳	3	衡阳市南岳区南岳镇	2021
		衡阳市常宁市西岭镇	2022
		衡阳市祁东县归阳镇	2023
邵阳	3	洞口县菲溪瑶族乡	2021
		邵阳市隆回县虎形山瑶族乡	2022
		邵阳市新邵县严塘镇	2023
岳阳	3	岳阳市临湘市羊楼司镇	2022
		岳阳市平江县加义镇、岳阳市汨罗市屈子祠镇	2023
常德	2	常德市澧县澧南镇	2022
		常德市西湖管理区西洲乡	2023
张家界	3	张家界武陵源区协合乡	2021
		张家界永定区王家坪镇	2022
		张家界市慈利县三官寺土家族乡	2023
益阳	3	益阳市资阳区长春镇	2021
		益阳市安化县马路镇	2022
		益阳市赫山区泉交河镇	2023
郴州	3	郴州市苏仙区栖凤渡镇	2022
		郴州市临武县汾市镇、郴州市安仁县永乐江镇	2023

续表

地区	数量	湖南省乡村旅游重点镇（乡）	评定时间
永州	3	永州市宁远县湾井镇	2021
		永州市祁阳市潘市镇	2022
怀化	4	怀化市通道县坪坦乡	2021
		怀化市溆浦县北斗溪镇	2022
		怀化市溆浦县统溪河镇、怀化市鹤城区黄岩旅游度假区管理处	2023
娄底	3	娄底市双峰县杏子铺镇	2021
		娄底市新化县奉家镇	2022
		娄底市娄星区双江乡	2023
湘西土家族苗族自治州	3	湘西州吉首市矮寨镇	2021
		湘西土家族苗族自治州泸溪县浦市镇	2022
		湘西土家族苗族自治州花垣县双龙镇	2023
合计	43		

表2-9　2024年8月湖南省乡村旅游"四个一百"情况统计表

地区	湖南省乡村旅游精品民宿聚集区名称	湖南省乡村旅游精品营地名称	湖南省乡村旅游精品村	湖南省乡村旅游精品廊道	评定时间
长沙	湘江新区湘江西岸近郊亲山乐水民宿集聚区	雨花区走吧去野跳马自然营地、天心区君途房车露营公园	浏阳市古港镇梅田湖村、浏阳市张坊镇田溪村、长沙县果园镇浔龙河村	宁乡市探秘青铜文明·禅茶避暑旅游廊道	2023
株洲	炎陵县神农谷村民宿聚集区	株洲市石峰区云栖桃源WeLand营地	炎陵县十都镇密花村、攸县酒埠江镇酒仙湖村	茶陵县百里花果茶产业景观长廊	2023

续表

地区	湖南省乡村旅游精品民宿聚集区名称	湖南省乡村旅游精品营地名称	湖南省乡村旅游精品村	湖南省乡村旅游精品廊道	评定时间
湘潭	韶山市韶峰民宿聚集区	韶山市韶山学校思政研学实践教育营地、岳塘区途居湘潭昭山露营地	岳塘区昭山镇七星村、韶山市银田镇银田村	岳塘区七星村—昭山途居露营地乡村旅游廊道	2023
衡阳	蒸湘区雨母山风景区民宿聚集区	衡东县大浦通用机场航空营地	衡阳县西渡镇新桥村、珠晖区茶山坳镇堰头村	南岳区"湖湘历史文化"生态休闲乡村旅游廊道	2023
邵阳	绥宁县上堡乡村旅游精品民宿聚集区	湖南自驾友云山露营公园营地(武冈市)、新邵县辉耀生态园青少年营地	洞口县溪瑶族乡宝瑶村、新宁县崀山镇石田村	城步县环南山乡村旅游廊道	2023
岳阳	平江县自在安定民宿聚集区	平江县青林露营社、汨罗市智峰山野奢营地	临湘市羊楼司镇龙窖山村、汨罗市白水镇西长村	汨罗市汨罗江屈原端午龙舟文化休闲乡村旅游廊道	2023
常德	桃花源旅游管理区桃花源民宿聚集区	桃源县热市温泉云舍居露营基地、临澧县烽火汽车露营公园	津市市金鱼岭街道大关山村、津市市毛里湖镇青苗社区	桃花源旅游管理区忆乐休闲乡村旅游廊道	2023

续表

地区	湖南省乡村旅游精品民宿聚集区名称	湖南省乡村旅游精品营地名称	湖南省乡村旅游精品村	湖南省乡村旅游精品廊道	评定时间
张家界	武陵源区协合乡北片区民宿聚集区	武陵源区1982·张家界国家森林公园自然教育营地、慈利县悬崖花开1号营地	武陵源区协合乡龙尾巴居委会、慈利县三官寺土家族乡株木岗村	武陵源区黄龙洞—茶溪谷—最美骑行路—龙尾巴自然山水廊道	2023
益阳	安化县雪峰湖民宿聚集区	南县稻梦田园教育实践营地、安化县茶乡花海乡村振兴示范区露营基地	南县乌嘴乡罗文村、赫山区泉交河镇菱角岔村	桃江县桃花江竹乡休闲旅游廊道	2023
郴州	桂东县沤江镇青竹、金洞、秋里民宿聚集区、资兴市白廊民宿聚集区	北湖区仰天湖自驾车旅居车（帐篷）营地、汝城县白云仙航空营地	汝城县文明瑶族乡沙洲瑶族村、安仁县永乐江镇山塘村	桂阳县西河田园观光休闲旅游廊道、临武县汾市镇农耕休闲乡村旅游廊道	2023
永州	蓝山县云冰山民宿聚集区	双牌县阳明山露营基地	江永县兰溪瑶族乡勾蓝瑶村、祁阳市茅竹镇三家村	宁远县乡村特色·灵山朝圣休闲旅游廊道	2023
怀化	溆浦县雪峰山民宿聚集区、沅陵县借母溪乡借母溪村民宿聚集区	芷江县桃花溪露营基地、通道县万佛山旅行房车营地	溆浦县统溪河镇穿岩山村、通道侗族自治县坪坦乡皇都村	洪江市沅水双古城水上游廊道	2023

续表

地区	湖南省乡村旅游精品民宿聚集区名称	湖南省乡村旅游精品营地名称	湖南省乡村旅游精品村	湖南省乡村旅游精品廊道	评定时间
娄底	新化县大熊山民宿聚集区	新化县天鹏茶野星空露营基地、娄星区爱乐行营地	新化县吉庆镇油溪桥村、双峰县杏子铺镇双源村	娄星区高灯河水美乡村旅游廊道	2023
湘西自治州	永顺县芙蓉镇民宿聚集区	龙山县八面山房车营地、吉首市峡谷星空露营基地	永顺县灵溪镇司城村、花垣县双龙镇十八洞村、凤凰县麻冲乡竹山村	吉首市茶旅融合生态文化游廊道	2023
合计	16	25	30	15	

（三）湖南乡村文化产业发展历程

自1989年湖南省委、省政府作出"发展文化经济，建设文化大省"的决策以来，湖南先后出台了一系列推动文化产业发展的政策措施。2001年，省委、省政府确立"发展文化产业，建设文化强省"战略。2002年，先后出台《关于加快文化产业发展若干政策措施的意见》《湖南省文化产业发展规划（2001—2010）》。经过十多年的努力，湖南文化产业异军突起，产业增加值跻身全国前列，并呈现良好的发展势头。[①]"十五"期间，湖南全省文化产业增加值年均增速达到17.3%。[②]这

① 李成家.湖南农村文化产业发展现状及策略研究[D].长沙：湖南大学，2008.

② 蒋建国.湖南文化产业发展报告（2006年）[M].长沙：湖南人民出版社，2006.

一时期，一些乡村旅游发展较好的地区将历史民俗文化和旅游产业相互结合推出的文化演出受到游客欢迎。2000年，张家界打造的大型文艺演出《魅力湘西》，成为湖南乃至全国最早的旅游演艺节目之一。农村开始出现一些文化娱乐休闲场所和民间盈利性文化团体。

2006年，湖南省第九次党代会再次重申文化强省战略。2007年，印发《关于深化文化体制改革、加快文化事业和文化产业发展的若干意见》。2009年，省委、省政府强调要把湖南建成全国"文化高地"。2010年，省委、省政府制定《湖南文化强省战略实施纲要（2010—2015）》，出台《湖南文化产业振兴实施规划（2010—2012）》《湖南省"十二五"时期文化改革发展规划》《湖南省战略性新兴产业文化创意产业发展专项规划》等重大政策文件，并把文化创意产业列入全省7大战略性新兴产业之一。"十一五"期间，湖南文化产业总产出突破千亿大关，增加值占GDP的比重超过5%。文化产业受到越来越多人的关注，成为最活跃、最有竞争力的产业之一。湖南文化产业集合了代表中国文化产业标杆的电视、出版、动漫等内容产业，形成了具有一定核心竞争力的"文化湘军"系列。[①]相较于城市文化产业的快速发展，湖南农村文化产业发展缓慢，农村文化产业形态未真正形成。农村文化产业尚处于萌芽阶段，但已经带有文化产业发展的性质与特点：农村民间盈利性文化团体日益增多，农村文化娱乐休闲场所陆续涌现，民俗文化逐步转化为农村经济增长点，农村文化市场正在逐步形成。[②]

2011年，湖南省委确立将文化产业作为湖南省的重要支柱性产业来

---

① 李成家.湖南农村文化产业发展现状及策略研究[D].长沙：湖南大学，2008.

② 同上。

推动。"十二五"期间，湖南持续创新文化体制机制，文化和创意产业取得长足发展，产业规模不断扩大，产业地位持续提升。"十二五"时期文化和创意产业增加值年均增长15.6%，增加值占地区生产总值比重持续提升。这一阶段，湖南农村文化产业总体发展水平较低，农村文化产业资源普遍开发不够，文化消费不足。①尤其自文化部与国家旅游局2009年联合出台《文化部、国家旅游局关于促进文化与旅游结合发展的指导意见》，提出"加强文化和旅游的深度结合，推进文化体制改革，加快文化产业发展，促进旅游产业转型升级"以来，伴随着湖南乡村旅游的快速发展，湖南在打造乡村旅游演艺产品、开发乡村非物质文化遗产资源文化旅游产品、开发文化旅游工艺品（纪念品），推动乡村文化产业和旅游产业深度结合方面取得可喜的成绩。以大湘西地区为例，以历史、民族、地域、民俗等为依托的文化旅游业快速发展，文化产业和旅游业结合成为大湘西地区文化发展的核心模式。②这一时期，着眼于文化产业和旅游业的联动发展，乡村文化产业在市场化运作、产业化经营和特色化发展等方面有了可喜的进展③。以湘西土家织锦等为代表的旅游文化创意产业、以非遗资源为核心吸引物的文化旅游产品受到追捧。《天门狐仙》《中国出了个毛泽东》等优秀文旅演艺作品作为创意产业和旅游产业组合产生的文旅产业新业态，不仅丰富了乡村文化产业的内涵，也打造了乡村旅

① 张伟.湖南农村文化产业与旅游产业互动发展策略[J].山东工会论坛，2014，20（06）：77-78.

② 王毅.论大湘西地区文化产业与旅游业联动发展[J].湖南社会科学，2009，（06）：114-116.

③ 刘元发.湖南农村文化产业发展路径及政策建议[J].经营者，2016（12）：1-2.

游目的地的文化品牌，市场反响良好。"中国山歌节""吉首鼓文化节"等特色演艺文化活动充分展示湖南乡村文化的魅力，"中国张家界国际乡村音乐节"展现了旅游演艺事业的新变化，打破了一张票、一班人马一台戏的旧模式，发展了游客互动与亲身体验的演艺市场新趋势①。

2016年，湖南出台《湖南省"十三五"时期文化改革发展规划纲要》。2017年，湖南相继出台《关于加快文化创新体系建设的意见》，提出要以文化产业带动、支撑文化事业发展。这一时期，湖南文化和创意产业不断改革创新，文化产业活力释放、精品力作层出不穷、文化活动精彩纷呈。诸多文化产业领域，如电视、出版、文化娱乐休闲服务、景区游览服务等呈现勃勃生机，行业认可度不断提高，行业竞争力不断加强，在行业中具有举足轻重的地位。2020年，湖南文化及相关产业实现增加值2058亿元，占地区生产总值的比重为4.95%，比全国平均水平高0.52个百分点。②以"文旅+"为抓手，湖南在文旅融合方面积极发力，新的文旅业态不断涌现，文旅产业链不断延伸。文化与旅游、科技、体育等产业融合发展，主要文旅场所火爆，推出文化生态旅游精品线路13条、特色文旅小镇20个，打造文化创意基地和全域旅游基地，文化旅游业快速发展。

2021年，湖南出台《湖南省"十四五"文化改革发展规划》《湖南省公共文化服务体系高质量发展五年行动计划（2021年—2025年）》。2024年湖南接着出台《打造万亿产业，推进文化创意旅游产业倍增若干措施》《湖南省推进文化创意旅游产业倍增计划实施方案》，提出开展文

① 张君. 湖南文化产业的新业态发展研究[D].长沙：湖南大学，2012.
② 2020年湖南文化及相关产业增加值占GDP比重为4.95%[EB/OL].（2022-02-07）[2024-08-05].http：//www.hunan.gov.cn/zfsj/sjfx/202201/t20220129_22477666.html

化产业赋能乡村振兴试点。在政府引导、政策推动、市场驱动下，湖南文化产业快速发展，产业规模不断扩大，整体实力迅速增强，"出版湘军""电视湘军"等享誉全国。蓬勃发展的湖南文化产业促进了湖南公共文化服务不断升级，尤其是乡村公共文化服务体系建设不断健全，公共文化设施不断改善，乡村公共文化内容不断丰富。乡村公共文化产品供给主体呈现多元化、产业化趋势，农村盈利性民间团体日益增多，有力助推乡村文化产业的兴起①。一批富有地方特色的传统手工艺品向产业化转变，打造了一批文旅融合的旅游景区、文旅演艺精品。

（四）湖南乡村文化产业发展现状

在经济发展的过程中，农村居民的文化诉求日益增多。农村的文化娱乐休闲场所、农村的文化娱乐活动、农村盈利性民间文化团体得到发展，乡村文化成为农村经济增长点，共同推动形成农村文化产业市场。尤其是乡村旅游的兴起，推动了乡村文化的传承创新，给乡村文化产业发展带来新的活力。文化和旅游作为推动乡村振兴的重要载体，引起了广泛关注和重视，推动乡村文化产品的科技含量不断提高，乡村文化产业规模不断扩大。

一是在文化产业赋能乡村振兴方面积极开展探索。持续扶持民间文艺团体发展壮大，发挥民间文艺团体在农村基层文化生活中的重要作用，湖南民间文艺团体数量和规模逐渐增大。常德市鼎城区各种文艺团体发展到200多个，形成了村村有剧团、组组有演员的群众文艺繁荣局面，从

① 龚铁军.湖南乡村文化振兴的实践与思考[J].新湘评论，2022，（14）：32-33.

事文化产业的农民超过万人，人均演出收入在5万元以上。东安有各类民间文艺团队110个，文艺骨干2000余人。成功培育"乡村文化＋扶贫"项目，有效助力乡村振兴。"让妈妈回家"计划，让拥有苗绣技艺外出打工的妈妈回家从事祖辈相传的手工技艺，使得过去的空壳村重新呈现"见人见物见生活"的生动景象。截至目前共挂牌6个"让妈妈回家"基地，培训绣娘8000余人，创造就业岗位近4000个，直接带动相关人员年增收5000元以上。湖南成为全国五个非遗助力乡村振兴试点省份之一，在全国率先开展了非遗工坊、非遗村镇、非遗街区省级示范点创建工作。截至2022年底，全省设立非遗工坊264家，总投入416945.15万元。凤凰县、炎陵县、平江县入围全国首批文化产业赋能乡村振兴试点名单。

二是打造一批乡村特色文化艺术典型。凤凰旅投公司在山江苗寨围绕苗族文化做乡村演艺，充分发挥村民的聪明才智，78位村民集中展示凤凰3个区域4种苗族唱腔、27类苗族生活习俗，把非物质文化遗产搬上舞台，获得良好反响。《苗寨故事》总投资280万元，当年就收回了全部投资。该剧4年演出1623场，观看人数达62.75万人次，演出收入6239.35万元。反映乡村民风民情的演艺精品不断出现，张家界市《魅力湘西》、常德市《桃花源记》、湘西州《花开芙蓉·毕兹卡的狂欢》入选全国旅游演艺精品名录项目名单。其中，2023年《桃花源记》演出380场，接待游客25万人左右，产品转化率达到50%左右，彰显了优秀文化作品对旅游者的高吸引力。2023年，在全国乡村特色文化艺术典型案例入选名单中，长沙市望城区白箬铺镇红色旅游入选创意创新类，茶陵县客家火龙入选文艺演出类，衡阳县釉下五彩瓷入选工艺美术类，韶山市数字韶山村入选数字产业类，凤凰县德榜苗银入选文旅融合类，道县道州调子戏入围文艺演出类案例。攸县"门前三小"建设入选第二批全国农村公共文化服务典型案例，城步六月六山歌节作为湖南省四大民俗节庆品牌之一入选全国第四批公共文化服务体系示范项目。

三是积极推动乡村文化和旅游融合发展。非遗文化产业随着乡村旅游的发展，重新焕发生机与活力，促进非物质文化遗产的旅游传承。凤凰山江苗族文化博物馆、永顺芙蓉镇土家织锦博物馆等文化场馆集中展示遗产地非物质文化遗产的精髓，为旅游者了解遗产地的非物质文化遗产提供平台与窗口，吸引了许多海内外的旅游者。民族村寨的旅游开发，让旅游者在实地体验中感受原汁原味的非物质文化遗产，一批乡镇因为分布有代表性的非物质文化遗产被选入民间文化艺术之乡。一些传统的节庆活动重新在民间普及开来，民族节会品牌成为非物质文化遗产传承和保护的重要载体。龙山的土家族摆手节、永顺县的社巴节等民族节会定期举办，展示了丰富多彩的非物质文化遗产，四面八方的旅游者相继赶来，形成了强大的旅游集聚效应。民俗文化、历史、传说等搬上舞台，融合民族音乐、民族舞蹈、民族服饰等多元素，真实、集中地展现非物质文化遗产，让旅游者在较短时间内对非物质文化遗产有较全面的认识与了解。古丈县墨戎苗寨主打非遗旅游牌，被授予"中国非物质文化遗产传承基地""中国少数民族特色村寨""湖南省特色旅游名村"等称号，年接待游客120万人次，旅游收入1.5亿元，提供就业岗位450个，带动增收1000多万元，为苗寨发展、村民致富做出了积极贡献。2022年，全省23家文旅特色小镇克服疫情影响，着力培育发展文旅产业，实现文化旅游总收入160亿元，实现税收11亿元，吸纳就业18万人，接待游客2900万人次。一批乡村文化和旅游方面的优秀人才脱颖而出，18人入选全国乡村文化和旅游带头人支持项目人员名单，1人入选乡村文化和旅游带头人支持项目资助人员名单。

第三章 湖南文化和旅游
赋能乡村振兴基本情况

一、文化和旅游发展带动乡村产业兴旺

乡村振兴，产业振兴是基础和关键，文化和旅游是乡村产业振兴的坚实助力。文旅产业具有强大的融合能力，具有高附加值、高增速、高贡献度和收益持久等优势特点。①发展乡村文化和旅游，可以推动乡村产业结构优化升级和提质发展，释放"一业兴、百业旺"的指数效应。近年来，湖南大力发展乡村文化和旅游。通过发掘农业多种功能，开发乡村多元价值，大力发展休闲农业、农产品加工业，推进乡村产

---

① 陈昱 . 文化和旅游赋能乡村振兴效果评估体系构建研究——基于全国 127 个县（乡村）文旅发展数据的实证分析 [J]. 价格理论与实践，2024，（01）：119-123+214.

业蓬勃发展，为现代化大农业发展注入源源不断的动能①，有力促进农村产业的优化升级、乡村文化的繁荣发展，持续推进农村一、二、三产业融合发展，走出了一条产业立村、文化兴村、旅游富村的乡村振兴路。

（一）打破传统农业界限，不断推进农业现代化发展

一是将农村土地、劳动力、资产、自然风光等要素进行资源整合，发展乡村文化和旅游。推动传统农业与文旅产业深度融合，休闲、生态、文化、创意、体验等与传统农业结合，延伸强化农业基本功能，延长农业产业链。立足湖南实际，积极支持各地在传统种植养殖业外，发展具有本土特色和竞争优势的茶叶、油菜、油茶、水产、水果、中药材、竹木等农业优势特色产业，使"养在深闺人未识"的地方特色农产品搭载文化和旅游发展快车，实现消费者与农产品零距离对接，极大促进农产品销售。

二是积极引导农业经营主体和农民根据乡村旅游市场需求，生产高产、优质、高效、生态、安全农产品，推动农产品生产由盲目无序走向市场化，促进农业向规模化、特色化方向发展，推动传统农业向智慧农业、生态农业发展，提高传统农业产能。中方县桐木镇大松坡村将本地特色农产品刺葡萄与乡村旅游融合发展，举办刺葡萄文化旅游节等活动吸引游客参观游玩，采摘葡萄。2023年景区全年接待游客60万人次，实现旅游产值近3亿元，带动农产品销售约4亿元。益阳赫

---

① 胡盼盼，张尚武，周鸿鸣.农业提质农民增收[N].湖南日报，2024-01-08（001）.

山区菱角岔村引进智慧大棚等先进技术，推动传统农业向智慧农业转换，利用渔场和水塘发展淡水养殖，建设数字化休闲渔场，种植黄桃、葡萄、西瓜、柑橘等特色水果，实现"智慧农业第一村"与"全国乡村旅游重点村"一体发展。

（二）推动农副产品加工，促进农业向第二产业延伸

一是发展乡村文化和旅游，推动农副产品加工业发展，提高地方特色农副产品附加值。过去一些乡村地区的生态农副产品，由于信息不对称，很难得到市场的认可，乡村旅游的发展可以改变这一现状，为传统生产方式生产的农产品附加值的提高搭建了平台。[①]农副产品加工延长农产品保质期，并通过向游客进行推介，拓展农副产品销售渠道，增加农民收入。炎陵举办以黄桃为主题的黄桃美食音乐嘉年华，将农业与旅游文化产业相融合，增加炎陵黄桃知名度和销售量，推广黄桃副产品。2023年，炎陵黄桃季期间接待游客288.38万人次，带动乡村旅游收入1.8亿元。

二是开发特色旅游商品，发展旅游商品加工制造业。将农副产品加工成旅游商品，使优势农产品得以打破季节性束缚，成为易于保存、便于携带的旅游商品，使初级农产品打造成为地方品牌甚至是走向全国成为可能。根据当地特色和游客需要差异化开发的旅游商品将有本地特色的文化元素植入工艺品和日常消费品中，让传统工艺走入千家万户，使传统手工艺品重焕生机活力。拥有茶园7.95万亩的桑植县在

---

① 尤海涛.基于城乡统筹视角的乡村旅游可持续发展研究 [D].青岛：青岛大学，2015.

旅游带动下，茶叶年产值占据该县超20%的农业综合产值。湘西花垣十八洞村对猕猴桃、山茶油、蜂蜜、腊肉等进行加工，开发团扇、背包、电脑包、笔记本等苗绣产品，"十八洞"品牌农特产品远销海内外。双牌县积极开发茶叶、竹木工艺品、虎爪姜等手工艺类、农产品类旅游商品，带动10余家休闲食品生产企业、近20家旅游工艺品加工企业，直接间接带动就业近1.9万人。

（三）不断放大指数效应，打造服务业新经济增长点

一是推动乡村旅游和休闲产业快速发展。湖南乡村旅游呈现蓬勃发展态势，规模不断扩大，类型不断丰富，新场景、新业态、新模式不断涌现，乡村旅游已成为湖南旅游业的新热点。乡村旅游以其强大的市场优势、新兴的产业活力、强大的造血功能和巨大的带动作用，在助推贫困人口脱贫致富、促进地区经济社会发展、推动乡村振兴方面发挥了重要作用。通过发展旅游，湖南1641个旅游扶贫重点村全部脱贫，通过文旅业直接和间接减少贫困人口累计100余万人，在省政府表彰的100个脱贫攻坚示范村中，有32个是旅游扶贫重点村。[1]湖南休闲农业经营主体由2006年的1860个发展到2021年的17244个，年接待游客数由0.48亿人次增长到2.06亿人次，年经营总收入由26.5亿元增长至470.4亿元，带动就业人数由5.13万人增加至76.98万人，带动农户数由18.91万户增加到74.58万户。岳阳张谷英村打造集休闲、住宿、康养等功能于一体的旅游景区。2024年第一季度，景区共计接待游客12.5万人次，景区门票收入195万元，带动餐饮、民宿、土特

---

[1] 刘涛 . 文旅赋能，点亮"湘"村 [N]. 湖南日报，2023-06-04（003）.

产等消费达1313.5万元。乡村民宿业迅猛发展，张家界打造了湖南首个旅游民宿集聚发展试验区，五号山谷、梓山漫居、栖漫·悦林谷、雪晴集·人文半山民宿、凤凰城老四合院等在内的各具特色的民宿正在成为乡村振兴新引擎。

二是带动电商、物流、创意产业、演艺产业、传统手工艺等产业发展，湖南文化产业表现出强劲发展势头。打造了《苗寨故事》《巫傩神歌》等一批优秀的乡村文化演艺精品，组建一批民间文艺团体，群众文艺繁荣局面正在形成。

三是打造乡村旅游标志性品牌，增强群众生活幸福感，丰富旅游获得感。启动实施乡村旅游"四个一百"工程，举办四季乡村文化旅游节，打造乡村特色文旅品牌、乡村旅游节会品牌。截至2024年4月，湖南乡村文化旅游节已成功举办24届。湖南12地入选2024年全国"四季村晚"示范展示点名单。通过标志性旅游品牌打造，品牌示范效应逐渐彰显，引领广大农村向标杆看齐。同时依托品牌地及标志性节会，开展多彩的文化惠民活动，满足农村群众和广大游客的旅游及文化需求。

二、文化和旅游发展打造乡村宜居生态

习近平总书记指出："实施乡村振兴战略，一个重要任务就是推行绿色发展方式和生活方式，让生态美起来、环境靓起来，再现山清水秀、天蓝地绿、村美人和的美丽画卷。"通过发展文化和旅游，湖南乡村面貌发生了翻天覆地的变化，"建设宜居宜业和美乡村"的道路正越走越宽阔。

（一）进一步美化村容村貌，让乡村更宜居宜游

一段时间以来，乡村城镇化与工业化步伐推动了乡村经济的发展，但同时对乡村的环境与生态也造成了一定影响。这一时期，农村居民普遍更关注乡村基础设施、硬件条件的改善。但随着乡村文化和旅游发展，广大村民充分认识到，要做大做强文化和旅游产业，必须让村庄更美。在旅游经济的驱动下，各地投入人力物力财力进行村容村貌的修建完善，村庄规划更有思路，更强调自然环境与人文环境的和谐统一。湖南大力发展文化和乡村旅游，对脏乱差的乡村环境进行整治与美化。2018年以来，全面实施农村人居环境整治三年行动计划，积极推进农村垃圾治理、污水处理、"厕所革命"、村庄清洁行动等，推动乡村田园景观塑造、道路绿化彩化，进行村落公共卫生与环境整治，美化绿化门前屋后庭院，村容村貌有了显著变化。通过人居环境整治，湖南乡村面貌呈现了新变化。村庄更美，庭前院落更干净，爱护环境讲卫生的意识明显增强，村民真正成为美丽乡村建设的参与者、建设者、贡献者。2024年5月，湖南省委、省政府出台《关于全面推进美丽湖南建设的实施意见》，又对美丽乡村建设进行了进一步安排与部署，提出建设生态宜居"和美湘村"，到2035年基本建成美丽乡村。通过"规划""绿化""美化"等，实现了乡村生态与文旅经济协同发展，实现旅游更强、村庄更美，涌现一批乡村建设典型案例。长沙积极开展美丽宜居村庄建设，不断推进乡村环境美、田园美、村庄美、庭院美，打造宜居宜业和美乡村。拥有"中国美丽休闲乡村""湖南乡村振兴示范村"等诸多美誉的益阳清溪村健全乡村风貌管控体系，持续做优"文化+"旅游新业态，以"村庄规划+村庄设计+农房设计"

为模式开展风貌设计，在改善村容村貌和人居环境品质等方面取得了较好成效。芷江县公坪镇通过"清、拆、改、种、建"等措施，积极推行"净化居室、硬化庭院、文化墙面、亮化巷道、美化村庄、绿化空地""六化"整治，全力推进美丽宜居乡村建设。

（二）进一步完善基础设施，绘就和美乡村画卷

湖南积极围绕乡村旅游"吃、住、行、游、购、娱"六要素开展基础设施建设，不断完善乡村旅游交通网络、供水、供电、通信、旅游厕所、停车场、游客服务中心、旅游标识标牌等服务设施，大幅提升了乡村旅游的可进入性和生活便利性。乡村交通条件更好了，旅游景区规划更趋合理，旅游购物环境越来越好，旅游文化娱乐场所及设施已成为村民与游客共建共享的幸福空间。湖南积极实施"四好农村路"建设，大力发展"美丽农村路+乡村旅游"模式，实现县县一条美丽农村路，40%的乡镇有一条美丽农村路，旅游路成为带动一方的致富路、产业路。截至2022年底，湖南累计完成农村旅游路、资源路、产业路提质改造6996公里，美丽乡村示范村达7500个。湘西土家族苗族自治州实施"1000公里旅游公路、1000公里生态旅游景观走廊、1000公里旅游慢行体系"建设，着力打造"车在路上走，人在画中游"生态旅游新名片。2017—2019年，湖南省发改委累计安排资金11079万元，支持1019家民宿客栈建设，完成建设1000家"湘村客栈"目标，推动乡村住宿条件升级改造。2022年，长沙下拨乡村旅游发展资金340多万用于支持乡村旅游基础设施建设项目。

（三）进一步优化生态环境，生态宜居更可持续

湖南积极推动乡村山水林田湖的一体化保护和系统治理，增强乡村旅游吸引力同时，促进乡村生态环境提质。2005年8月15日，时任浙江省委书记的习近平同志在浙江湖州安吉考察时，首次提出了"绿水青山就是金山银山"的科学论断。随着乡村旅游发展，"绿水青山就是金山银山"理念深入人心，保护生态环境已成为村民共识。发展绿色农业、使用清洁能源等已经成为村民的自主行动，广大村民成为乡村环境保护的参与者、建设者和受益者。乡村空气质量更好，居住环境更美，有效破解了农村环境整治难题。湘西十八洞村以"天更蓝、山更绿、水更清、村更古、心更齐、情更浓"为十八洞村乡村旅游的努力方向，因地制宜打造绿色生态宜居和美乡村，因地制宜发展乡村旅游和特色产业，被授予全国"绿水青山就是金山银山"实践创新基地。长沙县开慧镇积极打造"干净、清净、安静"的美丽生态开慧，全民参与环境提升行动。2021年，全镇接待游客超200万人次，综合旅游收入破2亿元，率先获评第一批全国乡村旅游重点镇，获评湖南省特色文旅小镇。娄底娄星区以美丽河流为主线，打造高灯河水生态休闲旅游风光带，孵化"水美经济"，推动美丽乡村建设。

三、文化和旅游发展促进乡风文明建设

习近平总书记指出："要推动乡村文化振兴，加强农村思想道德建设和公共文化建设，以社会主义核心价值观为引领，深入挖掘优秀传统农耕文化蕴含的思想观念、人文精神、道德规范，培育挖掘乡土

文化人才，弘扬主旋律和社会正气，培育文明乡风、良好家风、淳朴民风，改善农民精神风貌，提高乡村社会文明程度，焕发乡村文明新气象。"湖南通过文化和旅游赋能，以健全乡村公共文化体系为基础，以形式多样的文化活动为抓手，以各类文旅艺术精品为载体，丰富农民群众精神文化生活，涵养文明乡风，塑造乡村文明新风貌。

（一）加强文化阵地建设，助推文明乡风

一是不断加强乡镇综合文化站、村（社区）综合文化服务中心建设。在全国率先出台省级地方标准《湖南省村（社区）综合文化服务中心管理办法》《乡镇综合文化服务中心（综合文化站）管理服务规范》。出台《湖南省公共文化服务体系高质量发展五年行动计划（2021年—2025年）》，加强指导城乡公共文化服务一体化建设。将城乡公共文化服务体系一体化建设作为重大战略任务进行部署推动，连续实施"公共文化服务建设三年行动"和"公共文化服务体系高质量发展五年行动计划"，连续4年将公共文化服务工作纳入省政府真抓实干督查激励措施，打出了一套规划、政策、资金、考核多位一体的"组合拳"。2023年制定的《村（社区）综合文化服务中心建设与服务规范》，进一步明确了综合文化服务中心的规划、建设、管理服务等要求。截至2022年6月，湖南有乡镇综合文化站（服务中心）2209个、村级综合性文化服务中心35109个，基本形成"乡有一站、村有一室"的建设格局。

二是推进基层文旅公共服务融合发展。长沙在全市范围内重点建设了长沙县福临镇文化综合服务站等50个文旅公共服务融合示范点。文旅公共服务融合示范点充分发挥文化活动中心功能，成为农村居民文化活动的场所。同时，融合示范点又承担起旅游者的服务驿站功能，为游客提供旅游咨询与旅游服务等。示范点搭建起村民、旅游者、乡村旅游区（点）及企业沟通协作的桥梁，既满足了村民的文化服务需求，又提升了游客的旅游服务体验，在文旅公共服务融合发展方面开展了积极探索。

三是进一步完善综合文化站（服务中心）的功能，充分发挥其群众文化的主阵地和群众文化活动的平台载体作用，着力打通文化服务"最后一公里"。实现乡村公共文化服务"门前十小"工程全覆盖，满足百姓需求，展示新农村的新形象，让更多群众成为文化的参与者、管理者和推广者。2021年以来，湖南组织开展"最美潇湘文化阵地"创建，每年在全省范围内建设20个乡镇（街道）"最美潇湘文化阵地"和50个村（社区）"最美潇湘文化阵地"。三年来，共有1218个乡镇综合文化站、社区和村级综合文化服务中心等候选单位参与，创建了210个"最美潇湘文化阵地"。攸县政府投入1400万元，撬动民间资金9153万元，建成"门前三小"800个，乡村文化服务十分钟文化圈基本形成。[①]结合新时代文明实践中心建设，鼓励公共文化服务机构与村开展党组织结对共建和主题党日活动，把乡村公共文化设施打造成基层党组织团结群众、凝聚力量的重要纽带。

（二）开展系列文化活动，培育文明乡风

湖南深入实施乡村文化惠民工程，开展丰富多彩的文化下基层活

①　湖南省文化和旅游厅．芙蓉花开　湘见中国：文旅赋能乡村振兴的湖南实践 [M].长沙：湖南地图出版社，2023.

动，广泛开展群众性文化活动。2020年8月以来，组织实施"湖南公共文化进村入户·戏曲进乡村"文化惠民项目，送戏下乡走进千村万寨，走入千家万户。组织开展"欢乐潇湘"全省群众文艺会演，累计演出22048场，参演节目156600个。其中，新创节目29637个，参演群众文艺团队22188个，累计参与群众超过200万人次。2023年安排农村文化建设资金2.44亿元，支持农家书屋、农村电影、农村文化体育活动的正常运行和开展，更好地服务当地群众，推动公共文化服务均等化，助力乡村振兴。组织开展四季乡村文化旅游节、全省农民工春节联欢晚会、"乡村四季春晚"、《我的书屋我的梦》农村少年儿童阅读实践活动、"汇聚新乡贤·德润满三湘"文化交流活动、乡村诗歌和书画摄影征集等活动。组织创作一批反映乡村生活的文化艺术作品，丰富群众文化生活，充分发挥文艺作品感染人、鼓舞人、教育人的作用，用艺术的形式培育文明乡风，让文化的力量在乡村大地共振。组织开展"百师千课联站进村"新时代农民文明素质提升志愿服务活动，通过邀请音乐家、律师、大学教授、公共文化服务机构专干等走进乡村，为群众讲解法律知识、智能手机使用，编排广场舞等，反响强烈。创新成立全省首批11支文旅志愿服务高校支队，新增高校文旅志愿者2956名。全省各文旅志愿者队伍依托公共文旅设施设立1051个文旅志愿服务岗，深入农村基层开展岗位志愿服务活动。广泛开展"文化筑梦""文化悦老""文化助残""文明旅游""播撒艺术的种子"等群众乐于参与、便于参与的各类文旅志愿服务活动。形式多样的文化活动宣传党的政策和理论，开展社会主义核心价值观教育，进行法制宣传教育，展现乡村美好生活图景，极大地满足了广大群众日益增长的文化需求，助推乡风文明建设取得实际成效。

（三）打造文旅艺术精品，繁荣乡村文化

一是积极引导各级文化团体和文化工作者，坚持以人民为中心的创作导向，深入农村、扎根群众，创作了一批接地气、有温度、有影响的反映乡村生活和乡村振兴成就的优秀文化艺术作品，引发群众的共情共鸣，促进乡村文化提质升级。长沙花鼓戏《花猪司令》以"宁乡花猪"为素材，关注乡村热土，讲述95后大学生朱花花通过"花猪司令"角色转变，最终成为乡村振兴领头人的自强不息的故事，深入探讨了保护继承当地传统特色产业的价值意义，诠释了"政策惠农""科技助农""奋斗强农"的主题内涵，入选文旅部"新时代舞台艺术优秀剧目展演"。"光影湘村"微电影大赛、"光影文旅"微电影大赛吸引600多支创作团队参与，微电影《嗦哝·花亘》《湘西之恋》等围绕脱贫致富、文明乡风、非遗传承、民间艺术、历史文脉、文旅互兴等丰富的主题描绘了新时代的山乡巨变，展现了灿烂的湖湘文化和丰富的旅游资源，推动电影成为赋能乡村振兴和文旅融合发展的重要艺术手段。

二是乡村文化产业得到全面发展，文化演艺市场化、精品化程度显著提高，影响力不断扩大。《魅力湘西》作为"国家文化产业示范基地""国家文化品牌三十强""中国旅游演出独立剧场类剧目票房冠军""中国驰名商标"，先后3次登陆中央电视台春晚，5次走出国门开展文化交流，接待游客超千万人次，成为张家界文化旅游主打名片之一。矮寨奇观旅游区推出的《德夯幻境》、张家界推出的《天门狐仙》等，深入挖掘本土文化，打造沉浸式实景演出，融合声光电等现代科技，让观众身临其境感受乡村文化多彩魅力。

四、文化和旅游发展推进农村基层治理

（一）坚持群众主体，激发基层治理内生动力

一是积极引导乡村旅游经营主体和从业人员成立行业协会、合作自治组织等，充分发挥群众在基层社会治理中的主体作用，持续推动基层治理体系和治理能力现代化建设。湖南省旅游民宿协会、湖南省乡村文化旅游促进会、浏阳市民宿协会、花垣县十八洞农旅农民专业合作社、郴州市苏仙区休闲农业与乡村旅游协会等各地自发成立的组织，推动行业相应规章制度和标准不断完善，引导、约束新业态健康发展，有效应对行业快速发展及新业态不断涌现过程中，可能存在的价格、产品、服务质量、市场竞争等方面的市场秩序混乱，引导广大从业人员公平参与市场竞争，形成了乡村文化和旅游的快速发展的治理合力。在政府的统筹引导、行业的主动作为下，乡村文化和旅游行业管理进一步规范，资源调配更加合理，促进行业高质量发展、基层治理效能进一步提升。张家界永定区马头溪村成立"传统农耕协会""山歌协会""婚俗协会""织绣协会""传统加工协会""村寨旅游协会""吊脚楼保护协会"7个民间协会，由行业能手、村寨拔尖人才和有组织能力的村民代表为协会骨干，通过文化利用、互帮互助等模式共同推进乡村旅游发展。①

二是积极引导开展村规民约制（修）订工作，将有利于文化和旅

---

① 宁奎."江山如此多娇"[N].湖南日报，2021-02-15（002）.

游发展的相关公约写入村规民约，充分发挥村规民约的制度约束和道德引领作用，深化完善党组织领导的充满活力的基层群众自治机制。2019年，湖南出台《关于进一步做好村规民约和居民公约工作的实施意见》。依托湖南经视《经视新闻》栏目，推出"湘约我的村"专题片42期，在湖南卫视、《湖南日报》等省内主流媒体开展全域宣传。2020年，在全国率先制定出台《关于开展村规民约和居民公约法制审核的指导意见》，2万多个村（居）修订村规民约，实现村规民约全覆盖，对促进自治、法治、德治相结合，助推脱贫攻坚和乡村振兴发挥了重要作用。组织开展湘"约"我的村——湖南省"寻找最美村规"活动、湘"约"我的村——湖南省2023年"最具影响力村规民约（居民公约）"遴选等，让村规民约更加深入人心。韶山市银田村"爱路护路是每个村民的义务"、新邵县水竹村"环境卫生村民自治"、娄底涟源市朱岩村"过年过节禁止燃放烟花"、永州零陵区富家桥镇高贤村"集体事务，积极参与"等村规民约，让从文化和旅游发展中受益的群众自发就环境整治与保护、文明礼貌等方面进行约定，既约出了和美乡村，也约出了文明乡风，更约出了基层治理新成效。

（二）突出能人治村，提升农村基层治理水平

湖南充分调动能人和贤人的积极作用，积极推进有思想、有担当、有情怀、有能力的能人贤人到乡村干事创业，推动乡村文化和旅游发展，在乡村治理、产业发展、乡村规划等方面积极献智献策献力，一大批能人和贤人积极投身基层治理工作，形成了乡村基层治理新格局，推动乡村基层治理水平与能力的"弯道超车"。

一是强化党建引领，选派最优力量组建工作队到定点村开展帮扶，

不断强化农村基层组织和乡村治理体系建设，带领乡村文化和旅游发展。张家界天门山旅游投资开发有限公司选派第一书记和工作队进驻永定区牧笛溪村，带领村民依托资源禀赋，发展乡村旅游，让"山区变景区"，牧笛溪村先后荣获"中国传统村落""中国少数民族特色村寨""湖南省最美少数民族特色村"等称号，年均接待游客量超过5万人次。湖南省文化和旅游厅驻凤凰竹山村工作队组织编制竹山文化旅游产业规划，引进凤凰旅投公司在竹山村发展乡村旅游，竹山村的人均收入从2017年的3200元上升至2020年的13800元，竹山村被评为"中国少数民族特色村寨""全国乡村旅游重点村"。

二是充分利用乡贤资源，凝聚乡贤力量，提升农村管理服务水平。浏阳市田溪村组织召开"引老乡、回故乡、建家乡"田溪籍知名人士座谈会，选举、产生乡村旅游开发筹备领导小组，成立湖南省西溪旅游开发有限公司，实行公司化管理、市场化运作，走出了一条乡村旅游带动其他产业共同发展、赋能乡村振兴的特色之路。怀化鹤城区大坪村以湘贤牵头，村支两委、返乡创业能手参与，筹资组建旅游经营公司，2022年旅游综合收入达到4500万元，获评"国家森林乡村""全国乡村旅游重点村"。

（三）强化产业驱动，完善农村基层治理格局

湖南积极打造基层政府、村支两委、村民及乡村旅游的经营与管理者等多元参与、共建共治共享的基层治理格局，完善农村基层治理体系，助推乡村基层社会善治。

一是推动基层党委和政府在市场经济发展中扮演好宏观调控和监

管者的角色①。基层党委、政府顺应市场经济规律，积极指导支持乡村文化和旅游发展，并运用外部监督手段促进乡村文化和旅游市场公平、有序发展。同时，针对乡村文化和旅游发展对农村公共服务需求，基层政府积极履行职能，不断提升农村食品安全、公共卫生、社会治安、灾害防治、基础设施建设与管理、公共文化服务建设等方面的建设、管理与服务水平，形成乡村文化和旅游发展合力，提升农村基层治理水平。湘乡市毛田镇修建串联全镇旅游资源和产业资源的天门山旅游公路，带动沿路农家乐、餐饮、民宿发展，吸引不少游客前来游玩，为毛田镇旅游发展奠定了坚实基础。花垣县双龙镇积极推动十八洞片区共同发展，以十八洞村为核心，打造以马鞍村、双龙村、张刀村为圈层的农业观光发展带、以红英村、毛坪村、排碧板栗村和排碧村为圈层的农文旅融合发展带，推动村域协调发展。

二是积极发挥村两委带头引领作用，选优任能，配强村两委班子，在建强农村基层党组织、发展壮大农村集体经济、增强基层治理等工作中增添动力。隆回县向家村重新调整村支两委成员，班子成员全部由有文化、有能力、有奉献意识、有开拓创新能力的年轻人担任，组织制定旅游开发和乡村振兴三年规划，成立向家村牛天岭旅游文化公司，带动村民致富，向家村获评"湖南省乡村旅游重点村""美丽乡村建设示范村"。

三是积极引导村民参与乡村文化和旅游发展，通过成立村级合作社，村民入股、村集体占股等形式多样的方式鼓励村民参与乡村文化

---

① 刘欢，张健.乡村旅游发展中的基层社会治理[J].学理论，2018，(04)：94-96.

和旅游建设。通过调动村民的积极性、主动性，将各方面的力量充分动员起来，鼓励村民积极参与基层社会治理，村民的主人翁意识、责任担当意识不断增强，实现政府治理和社会调节、居民自治的良性互动。韶山市韶山村发展村级合作社，开设民宿、餐馆门店、旅行社、红培机构，开发纪念品、毛家食品等文创和农副产品，村民以闲置房产入股，村集体占股51%，与韶山市城发集团合作成立三农培训中心，①多元参与推动实现各方利益最大化，共同打造了共建共治共享的基层治理格局。

五、文化和旅游发展助力农民富民增收

习近平总书记强调："农业农村工作，说一千、道一万，增加农民收入是关键。要加快构建促进农村持续较快增收的长效政策机制，让广大农民都尽快富裕起来。"②湖南通过发展文化和旅游，农民在景区就业务工、开办餐馆民宿、发展特色种养，推动资产活化利用，助推乡村产业优化发展，助推广大农民共同富裕。

（一）创造更多就业岗位，增加农民工资性收入

湖南积极推动乡村文化和旅游上下游全产业链发展，通过娱乐、饮食、住宿等行业带动，提供大量的就业机会，让过去需要外出才能

---

① 湖南省文化和旅游厅.芙蓉花开　湘见中国：文旅赋能乡村振兴的湖南实践[M].长沙：湖南地图出版社，2023.

② 习近平.论"三农"工作[M].北京：中央文献出版社，2022.

够养家糊口的村民实现了家门口致富。矮寨·十八洞·德夯大峡谷景区带动周边3万人就业,带动300家农家乐、特色民宿等。湘西土家族苗族自治州七绣坊非遗工坊的"让妈妈回家"公益项目,让乡村的孩子妈妈们不再背井离乡,为1926名农村妇女提供带薪培训的机会,300多个留守孩子的妈妈在家乡就业。涟源方才梅山棕编工艺品有限公司设立非遗工坊,带动600余人就业。3家"湖南非遗馆"为全省152家扶贫就业工坊提供产品展示展销专业服务,带动非遗产品销售成交额超6000万元。浏阳上洪村从曾经的"空心村"变成远近闻名的"非遗生态村",吸引一大批外出务工的村民开起了餐饮、民宿。上洪村所在的张坊镇每年吸引旅游者20余万人次,带动村民增收6000余万元。常德《桃花源记》演出的近400名演员中有98%是当地村民,他们白天务农、晚上演出,将日常劳作场景真实还原呈现在舞台,让游客感受到原汁原味的地方风情的同时,村民的收入不断增加。①

(二)积极拓宽经营渠道,增加农民经营性收入

湖南积极引导农民将发展乡村旅游、休闲农业与特色优势农业、手工业等有机融合,通过拓宽农副产品销售渠道,开办农家乐、民宿等方式让农民有更多经营渠道、更多收入来源。积极在景区搭建旅游商品销售平台,让农民售卖原生态农产品、特色小吃、手工艺品等,通过消费帮扶带旺"山里货",助力乡村振兴。常德柳叶湖太阳谷乡村振兴示范片大力实施"一村一品",形成"四季果""有机菜""生态米""庭院瓜""特色餐"等特色产业,将其打造为旅游商品。依托

① 彭叮咛.白天游山水晚上看大戏[N].湘声报,2024-05-17(A04).

旅游专业合作社和旅行社等进行线上线下销售，使农旅融合效益最大化。浏阳积极推动乡村民宿产业发展，出台《浏阳市促进文旅深度融合高质量发展十条措施》《浏阳市推动民宿产业高质量发展十条措施》等，2023年浏阳民宿总接待量约239.7万人次，同比增长约51.7%，实现营业收入约9.4亿元，同比增长约48.3%，让农民实实在在从旅游发展中获益。

（三）高效盘活利用资源，增加农民财产性收入

湖南积极支持村集体和村民将土地、房产等进行出租、入股、合作，发展乡村旅游、文化体验等新业态，推动资源变资产，增加经济附加值，增加农民收入。2018年，湖南出台《关于全力服务促进乡村振兴的若干意见》，明确"优先保障乡村旅游用地""农村集体经济组织可以依法使用建设用地自办或以土地使用权入股、联营等方式与其他单位和个人共同举办住宿、餐饮、停车场等旅游接待服务企业"。[1]湖南雪峰山旅游度假区通过将村民山林、田地、房屋、宅基地等资产折价入股，4236户村民成为公司股东，参与公司分红，进一步放大"景区+农户"模式的效应。浏阳梅田湖村创新采用"公司+村级+农户"的运营模式，整合松山屋场农田500多亩，将村民的闲置房改造成统一标准的接待用房，村民以房屋入股的形式成立梅田湖研学旅行基地，2023年51户村民分红511万元。

---

[1] 摘自《关于全力服务促进乡村振兴的若干意见》。

第四章　湖南文化和旅游赋能乡村振兴的主要成效

一、乡村更美丽：美丽乡村建设取得新成效

（一）人居环境更好

人居环境是人类利用自然与改造自然的主要场所[①]，乡村环境是乡村旅游的重要载体。曾经有一段时间，湖南不少乡村存在"垃圾靠风刮，污水靠蒸发"现象，"屋内现代化，屋外脏乱差"一度形成鲜明对比。很多旅游者慕名而来，却因为乡村环境卫生差等极大影响旅游体验，给乡村旅游带来了负面影响。乡村旅游的发展，对乡村环境提出更高要求。蓬勃发展的乡村旅游为乡村人居环境建设注入了新活力，乡村人居

[①] 毛其智 . 中国人居环境科学的理论与实践 [J]. 国际城市规划，2019，34（4）：54-63.

环境的改善也为乡村旅游业的提质升级提供了新潜力。[①]通过文旅高质量发展实现"山乡巨变",既带动聚落居民增收致富,更稳步实现原真乡愁动态传承和人居环境有机更新[②],是破解乡村人居环境整治难题的有效手段。湖南深入推进农村人居环境整治,大力开展"厕所革命",将"厕所革命"作为城乡文明建设的重要方面和乡村振兴战略的具体抓手。2018年,出台《湖南省旅游厕所建设管理新三年行动计划(2018—2020年)》。截至2019年底,湖南新建和改扩建旅游厕所共完工1934座。发展乡村旅游激发了村民自觉参与人居环境整治的内生动力,增强了村民爱护环境、保护环境的自觉性。发展乡村文化和旅游,让乡村更宜居更宜游,改善乡村的自然环境、人文环境在带动村民增收致富的同时,让更多村民感受乡村振兴带来的最为直观、最增强幸福感的生活体验。

（二）村容村貌更美

人居环境整治提升最大的难点在乡村,最大的挑战在于协调传统村落风貌延续和人居环境动态更新的矛盾,进入新时代,文旅深度融合发展成为破解该难题的有效手段。过去很多乡村要么不关注传统村落风貌的延续与保护问题,要么认为乡村发展、人居环境改善与传统村落保护相互冲突。通过发展文化和旅游,村民们认识到了传统村落的内在价值,意识到传统村落保护的重要性,找到了乡村发展、人居环境改善与

---

① 汤礼莎,龙花楼,杨嘉艺,等.洞庭湖区乡村人居环境和乡村旅游发展"障碍诊断——耦合协调"分析 [J].经济地理,2023,43(10):211-221.

② 王兆峰,张青松.乡村振兴背景下旅游型传统村落人居环境有机更新过程与机制——以湖南省十八洞村为例 [J].经济地理,2024(6):1-16.

村落保护的"契合点"，有力回答了传统村落风貌延续与人居环境动态更新如何良性互动的问题，实现了原真乡愁动态传承和人居环境有机更新的良性循环。

在乡村人居环境保持干净整洁的同时，湖南以推动乡村旅游发展为着力点，积极对传统村落进行保护，按照"就地取材、尊重原貌、最小改造、修旧如旧"原则，对年久失修的老屋群落进行改造升级。除因地制宜建设一批有当地文化特色的民宿外，还将农村许多废弃房、闲置屋进行改造，让断壁残垣的乡村老屋变废为宝，进一步盘活了资源。郴州将拆除的旧砖、旧瓦、旧木料等统一回收用于园地围栏、诗画墙体、游步道建设。郴州北湖区吴山村对保存完好的30余栋明清建筑进行微改造、精提升，建设诗画墙体，打造了"醉美"吴山诗画乡村，引导游客寻觅老屋记忆、寻味老家烟火。①武冈对浪石村进行保护性修缮和环境整治，修复古民居30余栋，修建旅游公路2公里，修建旅游配套设施停车场、旅游厕所等。②村民们还积极美化绿化屋前屋后环境，美丽屋场扮靓乡村，村容村貌更美。湖南积极加强基础设施建设，推动乡村道路硬化升级，实施绿化亮化、停车场建设等项目，补齐乡村基础设施建设短板。邵阳乐安铺乡大力开展街道提质改造，修整破损路面30余处，完

---

① 胡用梅．绿水青山的郴州答卷 | 蹚出"山水画卷、西河走廊"新路子[EB/OL]．（2023-08-01）[2024-08-05]．https：//www.xiangshengnet.com/info/40754.html https：//baijiahao.baidu.com/s?id=17730251883381 88083&wfr=spider&for=pc）

② 唐建军．湖南武冈：电力护航焕新颜 古村奔赴致富路 [EB/OL]．（2024-05-23）[2024-08-05]．https：//www.cnr.cn/hunan/flxw/dj/20240523/t20240523_526715455.shtml

成高速路口至民营大道两旁3公里、院落10余亩的绿化建设，有效提升了院落整体环境。①

（三）村庄规划更优

村庄规划是对村域生产、生活、生态三方面进行全面的部署和优化安排，对村庄未来建设与发展进行规范和指导，是村庄开展各项国土空间利用活动的依据。②湖南现有2.36万个行政村，如何通过对乡村的整体布局和精心设计，实现乡村道路、房屋、停车场、景点等的合理建设，做到一村一策、千村千面，对乡村规划提出了较高的要求。截至2022年8月，湖南共编制"多规合一"村庄规划7948个，通过整合村土地利用规划、村庄建设规划等乡村规划，实现土地利用规划、城乡规划等的有机融合，做好国土空间规划体系中乡村地区的详细规划，形成村域"一本规划、一张蓝图"。新邵县小河村，坚持规划先行，对产业区、绿化、旅游景点，甚至是村牌标志、民宿主题都进行了精心的设计，避免了盲目开发，打造了小河村风格。凤凰竹山村立足作为苗族聚居村的特色，依据地势顺势建设特色民居、生活坊、织布坊、非遗文化传承和展示区等，实现了村民生活与游客体验的有机融合，把苗家人的生活场景打造成旅游项目，给游客带来沉浸式体验。

---

① 乡村振兴的邵阳市乐安铺模式：三管齐下绘制乡村新画卷 [EB/OL].（2024-04-11）[2024-08-05].http://mzw.hunan.gov.cn/mzw/xxgk_71281/gzdt/ywbd/202404/t20240411_33275341.html
② 许贺棋，郝润梅，王考.村庄规划对偏远山区乡村发展的促进作用——以内蒙古和林格尔县白其口村为例 [J].地理科学，2024（7）：1-8.

二、农民更富裕：村民生活水平迈上新台阶

（一）收入水平大幅提升

习近平总书记强调："旅游是不同国家、不同文化交流互鉴的重要渠道，是发展经济、增加就业的有效手段，也是提高人民生活水平的重要产业。"乡村旅游作为带动农民就业增收的富民产业，托起了乡亲们的致富路。过去，由于地理、交通等原因，很多农民辛辛苦苦生产出来的农产品却销售困难，极大挫伤了农民的生产积极性。通过发展文化和旅游，农产品有了更多的销售渠道。游客在乡村欣赏美景、品尝美食的同时，促进农副产品走入千家万户。2023年，株洲利用乡村集市吸引游客近200万人次，实现旅游总收入20亿元，带动农产品销售800余万元。永州双牌桐子坳村通过发展乡村旅游，村民过上了好日子。2019年，村民人均年收入达到1.28万元，村集体收入达到49.6万元，成为远近闻名的旅游名村。汝城县沙洲瑶族村依托红色文化发展旅游业，2023年，沙洲村民人均可支配收入达2.3万元，比2014年增加了1.3万元，村集体收入由2014年的0.36万元提高至2023年的106万元。

（二）生活质量不断提高

文化和旅游的发展不仅为农村注入了新的活力与魅力，更在深层次上促进了农村生活条件的全方位改善，显著提升了农村居民的生活质量，引领他们迈向更加现代、文明、富裕的生活新篇章。在基础设施方面，乡村道路从狭窄泥泞的泥巴路蜕变为宽敞平坦的水泥路，不仅极大地改善了村

民的出行条件,也打开了通往外界的大门,促进了物流、人流、信息流的自由流通。供水、供电、通信等基础设施的完善,让乡村居民的生活更加便捷,无论是日常用水用电,还是远程通信、网络购物,都已成为乡村生活的常态,使得农村居民能够无缝对接现代社会,享受科技进步带来的种种便利。人居环境的优化是农村生活改善的又一亮点,文化和旅游发展进一步加快美丽乡村建设,乡村面貌焕然一新,绿树成荫、花香四溢的居住环境成为乡村的新名片。垃圾分类、污水处理等环保措施的实施,让乡村环境更加宜居,村民的生活质量也随之提升。同时,基本公共服务的健全为农村居民提供了更加全面、优质的公共服务,让他们的生活更加安心、舒心。农民的收入不断增加,消费能力也随之提升,多样化的消费方式正在悄然改变着农村生活。从基本的衣食住行到更高层次的精神文化需求,农村居民的消费观念正在发生深刻变化。他们不再仅仅满足于穿得暖、吃得饱,而是更加注重穿着的时尚与美感,追求饮食的健康与营养,享受更加舒适、便捷的居住环境,以及更加便捷、高效的出行方式。以湘西十八洞村为例,这个曾经贫困落后的小山村,在文化和旅游发展的推动下,发生了翻天覆地的变化。昔日的泥巴路变成了宽阔的水泥路,村内房屋修葺一新,水、电、通信、银行、邮局等现代化设施一应俱全。村民们的生活水平显著提高,电饭煲、电视机、电冰箱、空调等家用电器走进了寻常百姓家,许多农户还开上了小汽车,实现了从"出行不便"到"一日千里"的跨越。这些变化不仅满足了农村居民的基本生活需求,更让他们感受到了现代文明生活的美好与幸福。

（三）生活方式发生变化

随着经济收入的稳步提升,农村居民的生活面貌正经历着前所未有的深刻变革，这不仅仅体现在物质条件的显著改善上，更在于生活方式、消费观念及精神追求的多维度升级。随着基本生活需求得到满足，农村居民的消费结构逐渐从生存型向发展型、享受型及服务型转变。村民们通过学习培训，进行自我提升的积极性、主动性和自觉性不断增强，乡村不断完善的图书阅览室、电子阅览室、文化活动室、篮球场等文体娱乐活动设施的普及，让村民们在劳作之余有了更多陶冶情操、放松身心的去处。这些场所不仅丰富了农村群众的业余生活，也促进了乡村文化的繁荣与发展。2022年起，省电影局在安化县沙田溪村、新化县龙湾村、新邵县小河村、宁远县九嶷山村、汝城县沙洲瑶族村等15个乡村设立农村公益电影室内固定放映示范点。各地的广场舞、乡村运动会、村晚、村BA等文化娱乐、体育健身活动让农民的生活更加丰富多彩。此外，随着农民收入的增加和闲暇时间的增多，农民的消费观念也在悄然变化。他们不再仅仅满足于作为旅游接待者的角色，而是越来越多地走出乡村，成为旅游消费的新兴力量。无论是家庭自驾游、乡村生态游，还是参与各类文化旅游活动，农民出游的热情不断高涨。

从个人成长到休闲娱乐，再到日常生活服务，乡村居民的生活质量和个人幸福感不断提高。

三、乡风更文明：乡村文明不断焕发新气象

（一）文明素养不断提高

湖南以新时代文明实践站等乡村公共文化服务平台为依托，积极打造文化宣传阵地，举办多姿多彩的文明实践活动，丰富乡村群众的业余

生活，大力加强基层群众思想道德建设和乡风文明建设。不断修订和完善村规民约，将村规民约作为推进乡风文明、乡村治理的重要抓手，充分发挥村规民约的村民自我管理、自我服务、自我教育、自我监督的行为规范作用。涵盖学法守法、敬老爱亲、村容管理、邻里关系、社会公德、村风民俗、文明乡风建设等内容的村规民约在规范辖区村民言行举止、破除陈规陋习、树立文明新风，营造文明和谐的村居环境等方面发挥重要作用。守文明、讲礼貌、讲秩序、讲法纪等观念不断深入人心，广大村民的道德水平不断提升，一些陈规陋习被摒弃，各地乡村结合自身实际制定的村规民约正在发挥重要的引导教育作用，既约出了和美乡村，也约出了文明乡风。湖南新田村庄变景区、村规入人心，村民学有规范、行有标尺，让文明乡风根植于心、外化于行。各地还组织开展"文明村镇""好邻居""好婆媳"等评选活动，推动建设家庭和睦、邻里守望、诚信重礼、勤俭节约的文明乡村。此外，随着乡村旅游的发展，越来越多的村民吃上"旅游饭"。为更好提高从业人员素质，提升旅游服务质量与水平，村民们自发学习、参加各级各类培训，文明服务、诚信经营的意识不断增强，行业相关的礼仪知识不断丰富，服务水平和职业道德素养进一步提升。

（二）社会风尚持续向好

湖南不断加强乡镇（街道）综合文化站（服务中心）、村（社区）综合文化服务中心等乡村公共文化阵地建设，组织开展文化下乡、送戏下乡、农村电影放映等惠民工程，用好"送戏曲进万村、送书画进万家""我们的中国梦　湖湘文化进万家"文化志愿服务等载体，宣传党的政策和理论，开展社会主义核心价值观宣传教育，进行法制宣传教育，助推农村文明新风建设，有力提升乡村精气神。除组织开展丰富多彩的文化下乡活动外，湖南充分发挥基层群众智慧与力量，创作了一大批乡村群众喜闻乐见的文艺作品。开展形式多样的群众文化活动，通过戏曲、快板、小品、山歌、书画、诗歌朗诵、三句半等形式讲述新时代乡村故事，弘扬新时代文明乡风，让群众在潜移默化中受教育、受洗礼。为深入推进移风易俗工作，各地充分发挥镇村两级文化艺术节、村晚等文化展演平台的作用，围绕高价彩礼、人情攀比、厚葬薄养、大操大办、铺张浪费等内容创作一批倡树文明节俭新风主题作品，通过"群众演、群众看，演身边人、唱身边事，道家乡美、赞新生活"深化农村精神文明建设，进一步革除陈规陋习，遏制不良风气，倡树喜事新办、厚养薄葬、节俭养德、文明理事的社会新风尚。祁东县龙兴村积极探索"清廉文化＋乡村文化旅游＋产业发展"模式，以农文旅深度融合推动乡村振兴走深走实，被评为湖南省"最美潇湘文化阵地"。

（三）感恩奋进情怀更深

除不断丰富乡村公共文化产品，提升乡村公共文化供给水平，满足农民日益增加的文化需求外，湖南还积极利用屋场会、"村村响"、微信群、宣传公示栏等载体开展宣传，讲好中华民族故事，讲好中华优秀传统文化故事，讲好中国共产党为人民谋幸福、为民族谋复兴的故事，讲好中国人民追梦圆梦的故事，讲好中国面向世界宣介中国方案的故事，推动党的创新理论深扎基层。通过鲜活的语言、灵活的方式、真实又翔实的内容，让亲身经历脱贫历程、亲眼见证山乡变迁的乡亲们心更齐了、信心更足了、信念更坚定了，农村干部群众听党话、感党恩、跟党走、爱党爱国爱家乡的意识进一步强化，感恩奋进情怀更深。在精准扶贫首倡地湘西十八洞村，精准坪、感恩广场、思源餐厅等饱含深情与寓意的名字让干部群众心怀感恩，继续发扬伟大脱贫攻坚精神，撸起袖子加油干，大步迈向乡村振兴新征程。

四、文化更自信：乡村优秀文化迸发新活力

（一）历史文化增进文化认同

文化不仅镌刻着一个民族来自何处、去往何方的变迁史，更蕴含着民族何以持存、何以兴盛、何以创新的精神命脉。[1]乡村旅游是传承和展示中华文明丰富内涵的重要途径，通过挖掘和利用乡村的历史文化资源，可以吸引更多游客参与和体验，同时促进乡村的经济发展和文化传承。"文化+旅游"，让越来越多的人走入乡村，让越来越多的湖南乡村文化被激活，激发着生活在这片土地的人民比过去任何时候都更想去挖掘、了解、理解、认同铭刻在他们骨子里的中华文化。这一过程中，乡村民众沿着炎帝、舜帝的足迹去探索华夏文明的发祥，从澧县城头山古城遗址、里耶秦简、走马楼三国吴简以及凤凰古南方长城、岳麓书院、岳阳楼中去探索中国古老文化与文明，从屈原、贾谊、蔡伦、欧阳询、怀素、周敦颐、朱熹、张栻、王夫之等历史人物及他们留下的灿若星河的历史著作和写就的历史事迹中去领悟中华民族民为邦本、革故鼎新、精忠报国、舍生取义、天人合一、以人为本、贵和尚中的民族性格、民

---

① 张彦.坚定文化自信自强，凝聚起建设中华民族现代文明的精神伟力[N].光明日报，2023-06-26（06）.

族精神等中华优秀传统文化。"文化+旅游",让承载着不同历史时期、不同地域和不同民族文化信息的传统村落、古镇古街、传统建筑工程古而不孤,再现人气与生机,让传统技术、传统礼仪、传统节庆、乡乐乡戏等非物质文化遗产焕发新的生机与活力。在对中华优秀传统文化传承与弘扬的过程中,乡村居民对中华文化的认同感、自豪感进一步增强,文化自觉和自信更加激发。湘剧、花鼓戏、常德丝弦等原已逐渐消失在人们视野中、面临市场萎缩的传统表演艺术项目、传统手工技艺项目,随着文化和旅游的发展,重新走入大众视野,实现社会效益和经济效益双赢。不仅旅游者对其充满深厚兴趣,而且越来越多的乡村居民将传统艺术、传统技艺融入日常生活,在节庆活动中运用与展示传统艺术与技术,推动传统表演艺术项目、传统手工技艺项目的传承与发展。一些非遗项目开发利用成为地区文化名片,如滩头木版年画、湘绣、土家族织锦技艺和侗锦织造技艺等项目。

（二）革命文化涵养底气志气

革命文化是中国共产党成立以来,领导中国人民在新民主主义革命、社会主义革命和建设、改革开放和中国特色社会主义新时代的长期革命斗争实践中形成的一种独具中国特色的先进文化。[①]湖南是中国革命和中国共产党的重要策源地,是红色政权和人民军队的重要发祥地。红色资源是湖南乡村的优势资源,是推动湖南乡村振兴发展的重要力量。习近平总书记指出:"要讲好党的故事、革命的故事、英雄的故事,

---

① 范希春.在推进中国式现代化历史进程中大力弘扬革命文化[J].红旗文稿,2023,（06）:44-47.

把红色基因传承下去，确保红色江山后继有人、代代相传。"通过发展乡村旅游，农村居民在对革命先辈波澜壮阔的革命岁月的重温与解读中，更加深刻理解中国共产党为什么"能"、马克思主义为什么"行"、中国特色社会主义为什么"好"。承载着中华民族的优秀品质和精神追求的革命文化激励着人们在面对困难和挑战时勇往直前、不屈不挠地追求自己的目标，让乡村居民更有勇气、更有底气、更有朝气战胜种种困难，迎接未来更多的挑战，在乡村振兴的道路上奋发有为，为实现中华民族伟大复兴的中国梦而努力奋斗，进一步坚定中国特色社会主义文化自信，铸就中国精神。

（三）现代文化推进文化自强

湖南活跃的现代文化正在激活乡村的"一池春水"。传统民俗、戏曲曲艺等优秀民间文化艺术的演艺与展示，正被赋予新的时代内容，更具仪式感、参与感、时代感的中华优秀传统文化融入乡村群众生活，文化传承不断创新，推动中华文明在现代化进程中焕发出蓬勃生机。各地广泛开展的群众文化活动，鼓励不断创新文化表达方式，推动中华优秀传统文化创造性转化、创新性发展。以不同类型的文化表现形式为主题打造的文化村正在成为乡村新的文化景观。常德丹洲乡引入书画、陶艺、国学、音乐等一批文艺人士，将乡村庭院进行改造，打造了"艺丹沅"文艺部落，组织开展读书会、美术沙龙、民谣音乐会等丰富多彩的活动，展示当地农副产品，非遗和文创作品不断升级，推动文旅项目落地，推动了乡村旅游的发展。同时，这些文化艺术创作者在进行艺术创作的同时，也呈现了"文艺范"的生活方式，打造了"文艺范"的乡村文化景观，赋予乡村文化生机与活动，用文艺赋能乡村振兴。不断丰富的新型文化业态，为过去以农业为主导的乡村经济增添新活力。传统手工艺、民俗文化等多元乡村文化元素拓展、延伸了乡村文化产业链，信息技术、科技手段的应用让文化产业在创新发展方面取得更好成绩，文化产业服务水平日益提升。数字技术向乡村文化领域的渗透，推动乡村文化数字化建设的加快，推动乡村文化产业由线下转向线上线下协同发展，实现对各类乡土文化资源的有效整合、管理、推广和销售，打造了乡村文化产业生态圈。随着湖南乡村智慧图书馆建设的加快，一部分现代化的电子图书借阅机、读报机等被广泛应用，乡村优秀传统文化文物资源在文化数字化战略的引领下，被更好地传承与保护。大数据、云计算、人工智能等新兴技术被用于传统村落数字博物馆的建设，数字化的乡村文化产品、数字化的乡村文化传播渠道为更多群众了解湖南乡村文化搭建平台。

五、生活更幸福：乡村美好生活谱写新篇章

（一）乡村群众安家乐业

"文化+旅游"改变了很长一段时间以来乡村居民的生产生活方式。过去许多乡村由于经济发展落后、地理位置偏远、缺乏产业支撑等原因，为了解决"一方水土养不活一方人"的问题，许许多多的村民背井离乡到经济发达地区务工，大片耕地、宅基地闲置，留下老人、妇女和儿童，形成所谓的"空心村"现象。由于父母和子女长期不在一起生活，孩子教育、老人赡养无法到位，夫妻长期两地分居，产生不少社会问题。由于贫困，很多农村居民娶不上老婆，有的村因为光棍较多，甚

至被冠以"光棍村"的别称，适婚男性也往往需要支付高额彩礼以解决婚姻问题，"天价彩礼"等看似不合理应该破除的陈规旧俗在农村普遍存在，给乡村带来了不稳定因素。发展文化和乡村旅游，为农村居民家门口就业提供了途径。一部分村民成为乡村旅游的经营主体，在村里开餐馆、开民宿等，解决个人的生计问题；一部分村民服务于乡村旅游产业链，当导游、开观光车，在景区从事服务工作等。即便年事已高的老人也可以售卖旅游商品或者是制作手工艺品等，工作时间、工作地点、工作方式相对灵活，家庭经济收入得以增加。更有一部分村民通过土地入股分红等方式，使资产变资源，创收渠道越来越多，村民们过上了安居乐业的好生活。益阳清溪村村民邓佩玲将自己的房子建成书屋，一家人分别在村里从事管理、保洁、保安等工作，"不用出村就能赚，还能照顾家人"，过上了想要的生活。2013年40岁以上大龄单身青年就有37个的十八洞村，曾流传着"有女莫嫁梨子寨，一年四季吃野菜，山高沟深路难走，嫁去后悔一辈子"的十八洞村歌谣。通过发展文化和旅游，十八洞30多名大龄男青年成功脱贫脱单，过上了幸福生活，"吃住不用愁，衣着有讲究；增收门路广，票子进衣兜；天天像赶集，往返人如流；单身娶媳妇，日子乐悠悠"的苗歌唱出了十八洞人生活的甜美和喜悦。

（二）人与自然更加和谐

"绿水青山就是金山银山"的生态文明理念日益深入人心。"文化+旅游"推动湖南农村人居环境改善，过去那种对自然资源的过度开发和无序利用被坚决摒弃，取而代之的是对乡村自然生态系统的精心保护与科学休养。通过实施一系列生态修复和环境保护项目，乡村的绿水青山得以重现。"文化+旅游"推动生态产业、绿色产业发展,村民们依托当地丰富的生态资源,发展起了生态农业、生态旅游、生态康养等新兴产业,既保护了生态环境,又实现了经济收入的持续增长。这种绿色发展模式的推广,不仅让村民们享受到了经济发展的红利,更让他们深刻体会到了"绿水青山"带来的长远福祉。"文化+旅游"加强房前屋后的环境治理、美化绿化,各村积极编制乡村规划,充分考虑了自然环境的承载能力和生态保护的需求,使乡村布局更科学、更合理,建设了主客共享的景观廊道、休闲空间,保护乡村的自然景观、物种多样性和生态系统稳定性,乡村风貌越来越美,乡村环境越来越好。越来越多的村民在"望得见山、看得见水、记得住乡愁"的同时更看得到奔头,人与自然更和谐。东安县依托丰富的森林资源,着力打造康养和绿色旅游目的地,先后荣获"国家生态文明建设示范县""湖南省森林城市""全省全域旅游示范县"等荣誉称号;全县有16个村被评定为国家绿色村庄,3个村被评定为国家森林乡村,249个村庄被评定为省级绿色村庄。宁乡市陈家桥村开展山水林田湖草一体化保护和系统治理,挖掘和转化山水林田湖草的经济价值,发展生态旅游。2021年至2023年,陈家桥村生态旅游集体收入达54万元。①

（三）城乡差距越来越小

乡村旅游是新时期弥合解决城乡差距,推动乡村振兴和城乡融合发

---

① 常纪文,刘天凤,吴雄,等.山水林田湖草一体化保护和系统治理——湖南省宁乡市陈家桥村的案例经验与启示[J].中国水利,2023,(04):6-9.

展的重要手段，也是繁荣乡村经济、传承乡村文化、促进农业转型、推动人民致富的重要动力。①乡村旅游的发展推动了乡村交通、通信、水利等基础设备的改造，对于城市居民的一小时旅游圈也是乡村居民的一小时生活圈。乡村旅游发展带来的经济效益让村民们可以改善生活条件，过上幸福生活。"文化+旅游"让城乡居民共享发展成果，进一步推动湖南基本公共服务均等化，城乡差距越来越小。以湖南公共文旅云为省级中心，覆盖城乡、互联互通的全省公共数字文旅服务网建成。截至2022年6月，湖南省乡村地区现有乡镇综合文化站（服务中心）2209个、村级综合性文化服务中心35109个，一乡一文化站、一村一综合文化服务中心基本实现。乡村公共文化服务设施的不断完善，让村民的文化空间更多元、文化活动更便利。各种各样的文化惠民活动，不断丰富乡村文化生活。村民积极主动参与文化生活，精神生活更饱满，缩小城乡文化差距，为乡村全面振兴提供精神支撑。"文化+旅游"让幼有善育、学有优教、劳有厚得、病有良医、老有颐养、住有宜居、弱有众扶等基本公共服务均等化水平明显提高。

（四）社会更加和谐稳定

农村是中国社会的基础组成部分，农村社会的稳定与否直接影响到国家的整体稳定和发展，对于整个社会的和谐与安全至关重要。随着"文化+旅游"的深度融合，乡村不再是单一的农业生产区，而是转变为

---

① 孙九霞.探索中国特色的共同富裕道路：乡村旅游资源创新开发的理论与实践——写在专辑刊发之后的话[J].自然资源学报，2023，38（02）：561 - 562.

集自然风光、文化遗产、民俗体验于一体的多元化旅游目的地。这一转变直接促进了农民收入的多元化增长，不仅让村民们有了更多就业和创业的机会，还带动了相关产业的发展，如民宿、餐饮、手工艺品等，形成了良性的经济循环。农民的生活条件因此得到了显著改善，从物质层面为乡村社会的稳定奠定了坚实基础。与此同时，文化与旅游的交融还深刻影响着村民的精神世界。随着外来游客的涌入，先进的文化理念、价值观念与乡村传统文化相互碰撞、融合，激发了村民们对美好生活的向往和追求。这种精神层面的变化促使村民们更加注重自身文明素质的提升，积极参与乡村公共事务，共同维护乡村的和谐与秩序。乡村治理体系在这一过程中不断完善，形成了政府主导、村民自治、社会协同的多元共治格局，为更高水平的平安法治乡村建设提供了有力保障。"文化+旅游"的发展还促进了农村邻里关系、家庭关系的和谐。在共同追求美好生活的道路上，村民们相互帮助、相互支持，形成了良好的社会风尚。家庭内部也因经济条件的改善和精神世界的丰富而更加和睦，增强了农村居民的幸福感、获得感和安全感。这种由内而外的变化，使得农村社会呈现出更加积极向上、和谐稳定的良好态势。此外，随着农村经济社会的发展，基层治理面临着新的挑战和机遇。通过不断探索和实践，农村基层治理的管理制度、管理模式逐步健全和完善，管理手段更加科学有效。这不仅提高了基层治理的效率和水平，也为农村社会的长期稳定和可持续发展提供了有力支撑。

第五章　湖南文化和旅游赋能乡村振兴的主要模式和典型案例

近年来，湖南在推动文化和旅游赋能乡村振兴方面积极开展探索和实践，打造了文化和旅游赋能乡村振兴的"湖南样板"，探索形成了文化和旅游赋能乡村振兴八大模式。2023年6月，"全国文化和旅游赋能乡村振兴工作现场经验交流会"在湖南湘西举行。2024年1月，在全国文化和旅游厅局长会议上，湖南省文化和旅游厅厅长李爱武以《扛起精准扶贫首倡地政治责任　积极推动文化和旅游赋能乡村振兴》为主题作交流发言，分享文化和旅游赋能乡村振兴的湖南经验。

一、湖南文化和旅游赋能乡村振兴的主要模式

（一）红色演绎模式

红色演绎模式是通过深挖湖南乡村地区丰富的红色历史文化资源，

深化"红色旅游+"产业融合，积极打造红色研学、红色节会、红色演艺、红色文创、红色餐饮、红色民宿等"红色旅游+"产品体系，以红色旅游带动文旅产业做大做强，助力乡村振兴。

红色旅游，主要是指以中国共产党领导人民在革命和战争时期建树丰功伟绩所形成的纪念地、标志物为载体，以其所承载的革命历史、革命事迹和革命精神为内涵，组织接待旅游者开展缅怀学习、参观游览的主题性旅游活动。[①]2024年3月，习近平总书记在湖南考察时强调："悠久的历史文化、厚重的革命文化、活跃的现代文化，是湖南增强文化软实力的丰富资源和深厚基础。"湖南是伟人故里、将帅之乡、红色圣地，是中国共产党和中国革命的重要策源地，红色旅游资源丰富。湖南拥有红色旅游景区（点）310个，其中国家红色旅游经典景区14处（表5-1）、国家A级旅游景区（点）57个。湖南红色资源主要集中在农村地区，具有发展乡村红色旅游的独特优势，是湖南乡村振兴的优势资源。

表5-1　2024年8月湖南全国红色旅游经典景区情况统计表

序号	名称
1	湘潭市韶山市毛泽东故居和纪念馆
2	长沙市红色旅游系列景区（湖南第一师范学校旧址，中共湘区委员会旧址暨毛泽东、杨开慧故居，宁乡市花明楼刘少奇故居和纪念馆，浏阳市文家市镇秋收起义会师旧址纪念馆，长沙县杨开慧故居和纪念馆，岳麓山景区，何叔衡、谢觉哉故居，湖南雷锋纪念馆）
3	湘潭市湘潭县彭德怀故居和纪念馆

[①] 中共中央办公厅，国务院办公厅.2004—2010年全国红色旅游发展规划纲要[Z].2014-12.

序号	名称
4	岳阳市红色旅游系列景区（平江县平江起义旧址，汨罗市任弼时故居，华容县湘鄂西革命根据地）
5	郴州市红色旅游系列景区（宜章县湘南暴动指挥部旧址，桂东县"三大纪律六项注意"颁布旧址，汝城县湘南起义汝城会议旧址）
6	衡阳市衡东县罗荣桓故居
7	张家界市红色旅游系列景区（桑植县贺龙故居和纪念馆、刘家坪红二方面军长征出发地）
8	湘西土家族苗族自治州永顺县湘鄂川黔革命根据地旧址
9	湘潭市湘乡东山学校旧址
10	怀化市红军长征通道会议旧址
11	衡阳市南岳忠烈祠
12	怀化市芷江县中国人民抗日战争胜利芷江受降旧址、飞虎队纪念馆
13	株洲市红色旅游系列景区（茶陵县工农兵政府旧址，炎陵县红军标语博物馆
14	胡耀邦故居和陈列馆

　　湖南以红色资源为依托，不断延伸红色文化产业链条，促进一、二、三产业融合发展，在推动"红色旅游+"产业融合方面走出了新路子。

　　一是深挖乡村红色资源，筑牢红色旅游发展基础。对红色资源进行挖掘、整理、保护与展示传承，让革命文物"发声"，让历史资料"说话"，让红色非遗更红更火。郴州汝城沙洲红色旅游景区，深入挖掘红军长征途中在汝城发生的"半条被子"的故事，围绕一个红色主题——"半条被子，温暖中国"、一个红色遗址——中国工农红军"五部一行"旧址，建成"半条被子的温暖"专题陈列馆，讲好了红色汝城故事。红色资源的挖掘，让广大游客来到农村有景可看、有"故事"可听，极大丰富了红色旅游内涵。

二是打造乡村红色旅游线路，激活红色旅游发展引擎。对湖南红色旅游资源进行梳理整合，突出不同地区红色旅游资源的亮点与特色，打造红色精品旅游线路，实现区域内红色旅游资源同频共振。为更好传承红色基因，打造红色文化研学旅游目的地，2023年12月，湖南发布10条湖南红色旅游研学精品线路，其中"我的韶山行""领袖元帅""湖湘红色女杰""韶山—井冈山旅游专列""不忘初心　传承长征精神""红色旗帜　重走长征路""精准扶贫　乡村振兴""一粒种子　改变世界"等红色研学线路涵盖了湘潭韶山、汝城沙洲、湘西龙山茨岩塘、湘西花垣十八洞、洪江熟坪等多个红色旅游资源富集的乡村，让红色旅游资源激活乡村发展活力。通过发展红色旅游，不仅让游客在多元化的体验中汲取思想和智慧等精神力量，还让发扬红色传统、传承红色基因落到实处，实现社会效益与经济效益双发展。①

三是创新乡村红色文旅业态，助推红色旅游转型升级。通过红色教育、红色演艺、红色文创等深化"红色旅游+"产业融合，丰富乡村红色旅游产业链。在韶山，《最忆韶山冲》《中国出了个毛泽东》等红色演艺精品，为游客提供丰富、立体的体验，2023年共接待观众41.35万人。浏阳市文家市镇创新"红色教育在馆内、军事训练在基地、劳动实践在田间、生活服务在农家"的红色旅游发展模式，开发"秋收"主题红色文创产品200余种，打造"红米饭农庄"主题餐厅等配套设施，丰富了

---

① 王乾 . 依托西路军红色资源助力西部乡村振兴 [J]. 现代农村科技，2022，（08）：7-8.

红色旅游业态，形成了红色旅游一业兴、百业旺的产业融合发展格局。湖南乡村红色旅游热度持续升温，成为红色旅游热门打卡地区，主要红色旅游区（点）实现旅游人次和旅游收入持续增长。2018年，湖南红色文化旅游收入达750多亿元，仅韶山就接待游客2382万人次。2019年，全省红色旅游区（点）接待游客1.4亿多人次，实现红色旅游收入1300多亿元。2020年，全省红色旅游区（点）接待游客突破1.41亿人次，实现红色旅游综合收入超1350亿元。2022年，全省红色旅游区（点）接待游客1.65亿人次、带动收入1569亿元。

图5-1　2018—2022年湖南红色旅游区（点）
旅游人次及旅游收入统计

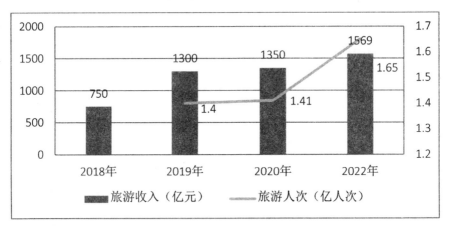

（注：2018年湖南红色旅游接待游客人次未获取数据）

（二）非遗破圈模式

非遗破圈模式是依托湖南乡村丰富的非遗资源，探索非遗创造性转化与创新性发展的有效路径，积极推进"非遗+产业"融合发展，推动传统文化与现代消费有效对接，借助市场手段拓展非遗的生存空间，实现非遗生产性保护与乡村振兴有机结合。通过推进非物质文化遗产的创造性传承和创新性转化，使乡村成为集非遗传承展示、体验和旅游休闲、度假观光于一体的新高地，让多彩非遗更好地助推乡村振兴。

非物质文化遗产是各族人民世代相承、与群众生活密切相关的各种传统文化表现形式和文化空间[①]，被誉为"历史文化的活化石"和"民族记忆的背影"。非遗生产性保护是在具有生产性质的实践过程中，以保持非遗的真实性、整体性和传承性为核心，以有效传承非遗技艺为前提，借助生产、流通、销售等手段，将非遗及其资源转化为文化产品的保护方式[②]。深挖非遗文化，盘活乡村特色文化资源，将文化资源优势转化为产业优势，是推动湖南乡村振兴的重要路径。"生产性保护"激发非遗旺盛活力，赓续传承文化，解锁共同富裕。

一是"非遗+文创"，推动非遗产业化发展，实现村民家门口就业、群众增收致富。湖南在全省范围内开展省级非遗工坊示范点、省级非遗村镇示范点、省级非遗街区示范点遴选建设工作，推动省级示范点在非遗传承、拉动文旅消费、带动就业创业等方面发挥示范引领作用。通过深入挖掘非遗所蕴含的历史文化价值、文化基因与元素，将现代化的设计理念、技术手段、新型材料等与传统非遗相结合，将传统的非遗技艺与现代设计、生产力相结合，开发具有市场号召力和吸引力的非遗产品，让非遗从"活"起来到"潮"起来，既推动传统文化传承，又为农

① 国务院办公厅印发《关于加强我国非物质文化遗产保护工作的意见》[N].人民日报，2005-04-27.
② 周梅.贵州民族"非遗"生产性保护研究[D].贵阳：贵州大学，2015.

村居民增收致富提供新渠道。湘西山谷居民文化产业发展有限公司依托苗绣设立了8个苗绣基地，累计培训绣娘2万人次，带动2000余名绣娘村民家门口就业增收。

二是"非遗+旅游"，沉浸式体验助推非遗活态传承，为乡村振兴不断集聚人气吸财气。非物质文化遗产是旅游地传统文化的集中体现，进行非物质文化遗产旅游开发，不仅能为旅游者了解、认识、体验独具魅力的地域文化提供平台，而且对于非物质文化遗产的保护、传承和开发起到积极的推动作用。湖南乡村丰富的非物质文化遗产，是乡村旅游最核心的旅游吸引物，是推动湖南乡村振兴的宝贵资源。湖南各地依托自身资源，建设乡村非遗馆、传承体验中心、非遗工坊等，开展非遗展示、游客体验活动，活了非遗也火了乡村。龙山惹巴拉将土家织锦、打溜子、咚咚喹等20余个非遗项目和40多名非遗传承人齐聚于乡村旅游景区。2023年上半年，惹巴拉景区共接待游客21万人次，实现旅游收入570万元。

三是"非遗+节庆"，打造村民游客共享的文化场景，增强乡村的文化认同感与凝聚力。积极打造非遗节庆品牌，开展非遗文化宣传展示活动，打造主客共享的乡村旅游新场景。别具特色的非遗节庆活动，让旅游者能够在非物质文化遗产原生地近距离地了解甚至是参与体验非遗，一些传统的节庆活动重新在乡村普及开来。举办节庆活动，打造民族节会品牌成为进行非物质文化遗产传承和保护的重要载体，展示乡村独特的地域特色和文化个性，做到了以活动促保护、以活动促传承。通过苗族赶秋、土家族舍巴日等特色鲜明的节庆活动，展示了丰富多彩的乡村非物质文化遗产。每到节庆活动，四面八方的旅游者相继赶来，形成了强大的旅游集聚效应。2024年绥宁举办苗族四月八姑娘节活动，乡镇群众自发组织系列民俗体验活动，共吸引了来自全国的游客26.8万人次。

（三）湘村雅居模式

湘村雅居模式是通过深挖乡村文化、大力推动优质公共文化服务向基层延伸，加强乡村整体规划和部署，改善农村生产生活环境，打造主客共享的乡村美好生活空间。

近年来，湖南立足"文化赋能，艺美乡村"，在考虑村庄原有的自然风貌的基础上因地制宜对各村进行微改造、精提升，打造了各具特色、各美其美、美美与共的湖南魅力乡村，实现文化产业与乡村振兴的同频共振。

一是做优新型公共文化空间，加强乡村公共文化阵地建设。随着乡村振兴的不断深入推进，村民对公共文化的需求日益增长、要求不断提高。丰富拓展乡村公共文化产品和服务供给，创新实施文化惠民工程，已经成为推动乡村振兴的重要内容和有力支撑。株洲攸县试点起步的"门前十小"①每年送戏、送演出约300场，放映公益电影6000多场，观众约120万人次，"门前十小"目前已在湖南全省推广。"门前十小""最美潇湘文化阵地""街头艺术站"等一系列亲民便民的新型公共文化空间打造了湖南乡村文化阵地的新样板，丰富了农村群众的业余文化生活。同时，别具特色的乡村文化阵地、丰富多彩的乡村文化活动，又成

---

① "门前十小"：即建在群众家门口的小广场、小书屋、小讲堂、小戏台、小法制宣传栏、小体育健身设施、小型数字文化服务设备、乡风文明理事小组、小业余文艺队伍、小文旅志愿服务队伍。

为乡村集聚人气、打造特色的新的旅游经济增长点。

二是突出乡村特色文化资源，因地制宜打造特色文化乡村。湖南依据各地的地域特色和文化禀赋差异，将文化基因进行"解码"和转化，展现各村各具风韵的文化特色。"立波故里"益阳清溪村将作家文化与生态旅游相结合，持续做优"文化+"旅游新业态，建起了立波书屋、王蒙书屋等21家清溪书屋，并结合本地文化特色举办了"花鼓戏剧节""清溪村晚""文化进万家"等特色文化节会活动，开发文学村落民宿、文学研学实践基地，打造了"中国文学第一村"。此外，手艺村、美术村、摄影村、书法村、戏剧村等各具文化特色的乡村在湖南星罗密布，绘就了一幅"各美其美，美美与共"的湖南乡村新画卷。

三是将艺术融入美丽庭院和美丽乡村建设中，打造乡村"文艺范"。永州零陵区在村庄建设中融入艺术元素，通过对农房的改造设计利用、庭院的美化绿化，先后连点成片积极推进富有艺术特色的富家桥镇高贤"荷塘月色"、南津渡街道"自在香零"、接履桥街道"马坝稻田艺术社区"、大庆坪乡"芬香古村落"、黄田铺"晓塘村百花园"等美丽乡村建设，使乡村建设更显魅力。益阳市资阳区富民村将传统产业与自然风光巧妙结合，就地取材进行庭院改造，村民们的家变成了一个个令人惊艳的乡村"艺术庭院"，打造了一步一景的洞庭湖区艺术乡村。

四是开展丰富的群众文化生活，构筑乡村群众美好精神家园。邵阳隆回县村晚叫响了乡村文化品牌，文化为民、乡村主体、村民主角、全民参与、全民创新的"村晚"正成为乡村最灿烂的舞台。湘西土家族苗族自治州在乡村广泛开展富有当地特色的摆手舞、苗鼓、傩舞、踏虎凿花等文化惠民培训，受益群众多达50万人次，更好满足了乡村群众的精神文化需求，培养了一大批热爱文艺、扎根农村的群众文艺骨干，让乡村文化活动更丰富、文化氛围更浓厚。

（四）地标活化模式

地标活化模式是通过盘活地理标志农产品、文化地标等沉默地标资产，延展地标资产的价值链和产业链，推动地标资产与旅游深度融合。

农产品地理标志是重要的农业知识产权和农业文化遗产，也是传统农耕文明的重要体现。每一件地标农产品，都凝结着农业生产和百姓生活长期形成的地方优良物质文化财富，是产业兴旺乡村振兴的有力抓手。[①]文化地标作为一个地区重要文化精神的体现和重要象征，既是与当地居民生活密切相关的重要文化活动空间，又是外来游客了解当地历史与文化的窗口，对当地经济和文化发展具有重要作用。湖南乡村地标资产丰厚，但一段时间内存在挖掘利用不足、品牌效应不显、保护开发不力、宣传推广不强等问题，部分地标资产处于沉寂状态，属于"养在深闺人未识""酒香也怕巷子深"。以"中国传统村落名录"为例，截至2024年7月，湖南共有704个村落入选"中国传统村落名录"。这些传统村落历史悠久、分布广泛，具有丰富的历史文化价值和独特的旅游价值，点缀在三湘大地，连接起湖湘文化的历史与未来。[②]如何对具有代表性的地标资源进行开发与保护，通过唤醒沉

---

① 农产品冠上"国字号"　特色文化助力乡村振兴 [EB/OL].（2021-03-25）[2024-08-05].http://www.moa.gov.cn/xw/qg/202103/t20210325_6364623.htm

② 高慧.保护开发古村落"湘字招牌"打出来 [N].中国旅游报，2024-07-02（007）.

睡的地标资产，打造乡村振兴"地标引擎"是当前湖南正着力回答的一个重要问题。在活化地标资产，推动文化和旅游赋能乡村振兴方面，湖南打出了分类施策、精准施策的组合拳。

一是擦亮地理标志农产品的"金字招牌"，以农促旅，以旅兴农，通过"地理标志+"推动产业跨界融合发展。深入挖掘地理标志农产品的品质价值和产业优势，推动农旅融合发展，通过发展旅游，为特色地标产业壮大聚人气、树品牌、扩销路。同时，通过农业规模化、生态化发展，打造新型的农业旅游标志景点，让特色农产品更具附加值。保靖县将黄金茶产业作为全县"一县一特"特色产业项目推进，以茶兴旅、以旅促茶，集茶文化、茶体验、茶观光、茶节庆、茶演艺于一体，开发了茶王争霸赛、斗茶会、茶艺表演观赏、茶园观光、茶园直播带货等一系列茶旅融合项目，走茶文旅融合赋能乡村振兴之路。2022年共接待游客303万人次，实现旅游收入26.5亿元。郴州以建设"知名乡村休闲旅游目的地"为目标，打造了吴山村"小龙虾"、华塘"草莓小镇"、栖凤渡"鱼粉小镇"等一批产业融合发展的特色村、镇。①

二是点亮文化地标，文化遗产焕发生机活力。澧县城头山镇将当地世界保存最完好的水稻田打造成旅游地标，依托全国重点文物保护单位城头山遗址修建大型文化生态类主题公园，着力打造以城头山古文化遗址为代表的"农耕文化"名片，让古老的遗址在新时代焕发无限生机。保留有明、清代的民居300多栋的江永县勾蓝瑶寨，将传统村落资源与旅游融合发展，打造了一批极具特色的乡村旅游景点。

---

① 陈文胜，向玉乔.《乡村振兴蓝皮书：湖南乡村振兴报告（2023）》[M].
北京：社会科学文献出版社，2023.

2023年，勾蓝瑶寨旅游综合收入突破500万元，村集体纯收入达125万元。

（五）节会促兴模式

节会促兴模式通过以节为媒，以会搭台，文旅唱戏，打造以"三会三节"为引领的现代节会活动矩阵，打造以村晚、赶秋、歌会等为基本的传统节事活动矩阵，构建从省到村覆盖、"年年有节会、季季有亮点、月月有活动"的节会体系，做强节会经济，做响节会品牌，推动一、二、三产业融合发展。

节会是指"有主题的节日庆典和公众集会"。[①]节会旅游是指某一地区或族群为了发展旅游经济，将其有特色的历史资源、文化资源和自然资源打造成周期性举行的大型的有组织的庆典活动。[②]湖南着力办好湖南旅游发展大会、中国红色旅游博览会、湖南文化旅游产业博览会，湖南国际文化旅游节、湖南乡村文化旅游节、湖南红色文化旅游节，充分发挥节会兴城、节事兴村的效应。各地通过举办节会活动，扩大节会活动的集聚效应，实现旅游消费的关联效应，全方位、立体展示了乡村的生态之美、文化之美，实现了社会效益与经济效益的"多赢"。

一是聚焦特色产业做节会，旺了产业富了乡亲。围绕当地农业特色产品，结合时令，各地纷纷组织梨花节、油菜花节、桃花节、草莓节、辣椒文化旅游节等，因时因地制宜发展"赏花经济""采摘经济"，

---

① 杨振之.旅游资源开发与规划[M].成都：四川大学出版社，2002.

② 姜又春.节会旅游与侗族民间节会的知识产权保护[J].广西民族大学学报（哲学社会科学版），2013，35（02）：90-95.

打造了可游可赏、亦耕亦采、有趣有乐的三产融合新路径。节会期间组织开展产品推介、招商引资等活动，为消费者深度了解特色产业搭建舞台，不仅带来巨大的流量和人气，还带活了市场消费和项目投资。2022年，在龙山县八面山举行的湖南省夏季乡村文化旅游节为八面山景区贡献旅游直接收入达1273万，是2021年该景区的年度总营收之和。

二是聚焦特色民俗做节会，繁荣乡村文化，扩大乡村影响力。2024年，龙山县举办的第九届"舍巴日"活动，吸引数万名游客参与其中，同享节庆欢乐。2024年湖南省夏季乡村文化旅游节组织开展常宁旅游精品线路踩线活动、美食品鉴活动、乡村音乐会、围棋邀请赛、常宁版画展等别具地方特色的活动。广大群众在参与节会过程中，增强幸福感与获得感，并通过活动充分发挥节会的宣传作用，实现提名气、聚人气、招财气等多元目标。

三是聚焦旅游专题做节会，促进乡村风貌提质增效。除按照春、夏、秋、冬不同季节，举办湖南省乡村文化旅游节外，湖南各地还结合自身资源优势举办各种各样的旅游节会活动。如湖南国际文化旅游节、长沙·宁乡栀子花文化旅游推介大会、韶山市花朝节暨乡村文化旅游节、桃花源（新化）乡村音乐旅游节、桑植乡村文化旅游节、慈利乡村文化旅游节等。为办好节会，各地在加强基础设施建设、优化乡村环境、提升接待服务能力与水平等方面发力，极大改善了乡村风貌，跑出乡村发展加速度。湘西龙山县八面山景区以承办2022年湖南省夏季乡村文化旅游节为契机，规划实施"云上小舍"等精品项目，构建了文旅多元化消费场景。完成了云中露营营地、云端餐厅、天际悬崖酒店、无边际露天泳池等高端服务设施建设，提质改造了景区内部道路、导览、公共停车等自驾游服务系统，极大提升了接待服务标准，实现了综合接待能力翻一番，拓展了景区未来可持续发展空间。①

（六）IP塑旅模式

IP塑旅模式利用乡村所特有的环境氛围和产品业态，挖掘、提炼、升华具有个性特征的乡村主题IP，放大IP指数效应，整合延伸乡村文旅产业链，推进乡村文化传承创新、乡村产业体系优化升级、乡村品牌价值提升，推动乡村破圈出彩。

旅游IP是以旅游者为核心，以其独特的旅游资源或区域特征为依托，通过与旅游要素的融合发展，形成独特的旅游文化资产。②旅游IP是对旅游目的地原有文化内涵的深入挖掘，其所具有的主题独特性、体验差异性、系统创新性、可延展性等特点对旅游者产生强烈的吸引力。有鉴于此，全国各地纷纷立足自身特色资源，打造各具特色的文旅IP，如哈尔滨倾力打造冰雪旅游超级IP，山西致力于将工业旅游打造成文旅新IP，四川文旅布局"安逸"熊猫IP等。从乡村旅游来看，贵州涌现的"村超""村BA"等体现文化和旅游深度融合发展的超级文旅IP打造了现象级话题，引起全国关注。

依托享誉国际国内的"广电湘军""出版湘军""演艺湘军"，立足

---

① 节会来"操盘""村闺"变"网红"——2022年湖南省乡村文化旅游节（春季、夏季）综述[EB/OL].（2022-11-14）[2024-08-05].http://whhlyt.hunan.gov.cn/whhlyt/news/mtjj/202211/t20221114_29125794.html

② 佳仪.中国旅游产业创新与IP发展研究[J].中国旅游评论,2020(03):65-73.

湖南乡村独特资源,湖南通过影视作品呈现乡村面貌、讲述乡村故事,通过打造主题活动IP展示多彩乡村,让湖南乡村走出去、让更多游客走进来。

一是文娱产业IP赋能文旅,实现文娱产业与文旅产业的双向赋能。将文学、动漫、影视、游戏、音乐、综艺节目与文旅进行融合,让乡村之美通过文化娱乐载体为更多人所熟知与了解,吸引广大旅游者跟随文化娱乐作品去寻找"诗与远方"。立足于讲好"湘"村故事,湖南打造了一系列的文化娱乐作品如《爸爸去哪儿》《亲爱的客栈》《新春走基层》《我的家乡好美》等。"文旅湘军"和"电视湘军"共同打造中国首档乡村振兴文旅纪实节目——《乡村合伙人》,聚焦湖南乡村,多角度立体展现湖南乡村,通过"综艺+旅游模式"助力湖南乡村文旅发展。

二是特色乡村主题IP赋能文旅,打造乡村文旅消费新场景。2024年中央一号文件指出,"要坚持农民唱主角,促进'村BA'、村超、村晚等群众性文体活动健康发展,繁荣发展乡村文化"。围绕地方特色,湖南打造一系列具有文化特质、品牌内核、独特价值的个性化乡村旅游IP。针对乡村旅游欠深入,引客、留客能力不强的问题,保靖县将特色鲜明的主题与农村业态融合,立足本土知名品牌,打造保靖黄金茶村字号IP,先后举办非遗村茶大赛、村厨大赛等,不断加强游客对保靖黄金茶IP形象的了解,保持IP的热度和新鲜度,让文旅之线连起保靖。通过线上线下宣传,让外地游客来到保靖,品保靖黄金茶,体验美食,欣赏美景,唤醒乡村振兴发展的内生动力。保靖"村厨大赛"通过新媒体矩阵传播,相关话题总流量超过8亿,全网热搜21个,登上中央电视台《新闻联播》《新闻30分》等,出彩又出圈,形成一种文化现象。浏阳市小河乡打造的"画里小河"IP、南岳区水濂村打造的"洞天福地养生文化"IP、沅陵县借母溪乡打造的大型实景剧《㧯子花开》文艺精品 IP 等一系列成功范式为 IP 塑旅模式打标立样。

（七）资源联姻模式

资源联姻模式依托湖南各地优势文旅资源，进行统筹谋划，推动各地资源互济互补、产业同频共振，实现整合要素优势，强化抱团发展，通过穿点成线、连线成面，形成互补联动的发展格局，助推乡村文旅产业发展。

近年来，湖南乡村旅游发展从景点旅游向全域旅游转变，有机整合了湖南全域乡村旅游资源要素，优化乡村旅游空间规划布局。2024 年文化和旅游部推出 82 条"岁时节令　自在乡村"全国乡村旅游精品线路。其中，湖南省"尽享春日　乐游资兴""迎新春　品祁阳年味""清明访柳　乐游潇湘"三条乡村旅游线路入选。三条旅游线路呈现郴州、永州等不同地区乡村别具特色的乡情乡貌，湖南乡村旅游和全域旅游蓬勃发展。湖南红色旅游也形成了"一核八景三走廊十二线"发展全新格局，热度不断攀升。

一是送客入村，联动美丽乡村和客源市场。湖南省 2019 年出台《湖南省文化生态旅游融合发展精品线路旅行社送客入村奖励办法》。通过政府引导为辅、市场运作为主的模式，充分发挥文旅融合廊道由点及面、穿珠成链的作用，推进沿途乡村产业联动、平台共享，实现了合作共赢。精准送出游客 323.47 万人，产生直接经济收入 8.59 亿元，带动文旅相关消费金额达 206.89 亿元，旅行社获得 4718 万元奖励。

二是抱团发展，推动乡村联合振兴。湖南省雪峰山旅游度假区在溆浦、隆回、沅陵 3 县 4 镇 12 个村范围内探索跨区域融合，成功创建 2 个国家AAAA级景区和3个国家AAA级景区。常德柳叶湖太阳谷乡村振兴示范片通过五村联创、握指成拳，推动"精品民宿、现代农场、农特产品"集成发展，差异化整合各具特色的"一村一品"资源，推动农旅融合。新宁县石田村"景区带村"抱团联动发展，依托位于世界自然遗产崀山旅游景区核心区域的优势，服务景区做好产业发展，既促进了美丽乡村建设，又实现了产业富民。

三是全域谋划，构建一体发展新格局。以湘西州为例，湘西推进全域旅游发展以来，明确了乡村旅游发展规划，做到了重点突出、主次明确，确保了乡村旅游不打乱仗，避免了无谓的内耗。在乡村旅游发展上大胆实践并积极总结经验，成功探索出了景区带村、能人带户、跨村联合、产业融合、"公司+农户""合作社+农户""双带双合双加"等乡村旅游发展新模式，乡村旅游发展多元主体的参与保障了村民、经营主体的多方利益，兼顾了经济、社会、环境效益，使更多村民从乡村旅游发展中受益，社会矛盾与冲突得到化解，市场发展环境向优向好。在政府管理方面，建立旅游综合管理和执法体系，建设旅游数据中心，强化了部门联动，有效组织了各级各部门的行政职能，增强了乡村旅游发展合力。双牌县以阳明山景区为龙头，辅以7个乡村，打造省级星级乡村旅游服务区（点），把景、城、镇、村、店结合，形成"无处不风景、无处不休闲、无处不度假"的旅游格局。①

通过资源联姻，从全局谋划区域、以区域服务全局，对湖南乡村文化和旅游发展产生了积极影响。一是强化规划引领，改变乡村旅游发展

---

① 中共湖南省委政策研究室.乡村振兴的湖南实践[M].长沙：湖南大学出版社，2023.

与管理各自为政、各自为战的局面，发展思路更加清晰。湖南出台《湖南省乡村旅游发展专项规划（2022—2030年）》《湖南省乡村旅游高质量发展三年行动计划（2023—2025年）》《湖南省乡村旅游"四个一百"工程建设方案》等指导性文件，明确乡村旅游发展规划。各地在总体布局的基础上，依据自身资源禀赋，有重点地明确了发展路径。如湘西土家族苗族自治州围绕构建1小时旅游经济圈，以重点景区和沅水、酉水两条风光带为依托，以乡村旅游公路为骨架，串联高山峡谷、烽火苗疆、土司遗产、酉水画廊、土家源流、沅水民俗6大村寨集群，重点建设60个特色民俗村寨，推进300个传统村落保护协调整治，打造"土家探源""神秘苗乡"两条乡村游精品线路。①

　　二是推动抱团发展，改变市场发展无序的状态，乡村旅游发展更加规范。过去由于缺乏规划和指导，乡村旅游发展处于管理比较松散的状态。乡村旅游同质化现象极其严重，出现了千村一面的情况。甚至一些原本展现本地特色的旅游文创产品、工艺品、文艺晚会也大同小异，本地、本村、本民族特有的原真性元素正在被边缘化。通过资源联姻，各乡村旅游经营主体从政府指导和自身比较优势出发，积极思考、挖掘本村本寨的特色与亮点，谋求乡村旅游发展提质升级的良好氛围正在形成。这一过程中，一部分特色明显、发展规范的乡村脱颖而出，成为乡村旅游示范点等，在实现自身发展的同时，也将经验与做法进行推广，使乡村旅游集中连片、差异发展、抱团发展的优势更加彰显。

---

① 不负"村"光　相约湘西　文旅赋能乡村振兴的湘西探索[EB/OL].（2023-06-04）[2024-08-05].https://www.xxz.gov.cn/zwyw/tpxx/202306/t20230604_2024118.html

三是着眼特色彰显，乡村旅游的深度和广度不断拓展。在全域旅游发展引领下湖南乡村旅游发展业态更加多元，旅游产业链条不断延展，"旅游＋文化""旅游＋农业""旅游＋工业""旅游＋新业态"等乡村旅游发展新业态已粗具规模，乡村旅游产业链条不断完善。乡野民宿、田园康养、乡村度假、乡土体验、创意农业、农耕研学等新业态新产品不断涌现，乡村旅游产品体系进一步健全，乡村旅游产业的市场活力将进一步激发。①桑植陈家坪村打造集餐饮、民宿、会务、休闲娱乐、农副产品以及文创产品等多功能于一体的田园综合体"民歌寨"；汩湖村阿巴砦着力打造集高端民宿、休闲度假、文化体验、红色教育功能为一体的国家AAAA级乡村旅游景区。②湖南旅游新业态的开发及产业链的形成，又不断促进湖南乡村旅游品质提升和内涵发展，实现湖南乡村旅游可持续发展。

（八）湘贤引领模式

湘贤引领模式通过激活乡贤资源，培育新乡贤队伍，凝聚乡贤智慧、汇集乡贤力量、发挥乡贤作用，打造"乡贤＋"模式，构建共建共治共享的发展新格局，助力乡村振兴。

新乡贤是指"同本地乡土有联系的，有知识、有能力、视野开阔并且掌握一定的物质资源、社会资本和数字信息资源，依靠较高的道德素养和感召力，对乡村建设发挥建言献策、出谋划策，为乡村振兴做出重

---

① 罗文斌.绘就湖南全域乡村旅游新图景[J].新湘评论，2018，（17）：46-47.

② 宁奎.桑植乡村文化旅游魅力四射[N].湖南日报，2023-11-21（010）.

要贡献的社会贤达和精英"。①乡贤是一个地方宝贵的资源，他们有情怀、有能力、有资源，是乡村振兴的重要人才资源。湖南依托乡贤资源，引导乡贤将自身发展与乡村发展融合起来，推动乡贤在乡村旅游发展、乡村文化建设、乡村环境治理等方面发挥聪明才智，取得了一系列成果。

一是"乡贤＋产业发展"，推动乡村旅游产业优质发展。永州市道县乡贤周文生投资开发葫芦岩红色文化景区，葫芦岩红色文化景区先后被评为永州市4星乡村旅游景区、永州市"爱国主义教育基地"、"国家AAA级旅游景区"。怀化溆浦县乡贤陈黎明回到雪峰山，投入10亿多元，在溆浦县和隆回县创建了2个AAAA、2个AAA级旅游景区，带动当地百姓脱贫奔小康。他的成功经验被湖南省政府命名为"雪峰山模式"，被文旅部评为"全国'公司＋农户'旅游扶贫示范项目"。②

二是"乡贤＋文化传承"，塑造乡风文明新气象。湖南省"最美退役军人"夏昭炎退休后投身乡村文化建设，开办农家书屋，开设小讲堂。通过文化回乡，助力了乡村文化振兴。攸县"门前十小"建设中，乡贤发挥了至关重要的作用。通过乡贤回乡投资兴业、参与文化事业管理、组织文化活动、开展教育普及等方式，吸引乡贤加入"门前十小"管理队伍，带动和影响群众参与农村文化事业。

三是"乡贤＋乡村治理"，建设农文旅融合的美好家园。临湘市龙窖山村先后筹集乡贤资金5000万余元，完成村级公路和通景公路、街道亮化、景区停车场、游步道等建设。永顺县陈家坡乡贤陈健带领村民清

① 唐任伍."新乡贤"为乡村振兴注入强劲动力[J].人民论坛，2024，（01）：26-29.
② 刘涛."湘"村风景处处新[N].湖南日报，2023-06-02（002）.

垃圾、除杂草、修道路、改民居、优绿化，返乡建"花海"，乡村游火"出圈"，让乡村环境更美，村民更富，乡村治理能力与水平更高。

二、湖南文化和旅游赋能乡村振兴的典型案例：湘西十八洞村

2013年11月3日，习近平总书记到湖南省花垣县十八洞村考察调研，首次提出了"精准扶贫"重要理念，作出"实事求是、因地制宜、分类指导、精准扶贫"重要指示，拉开了新时代我国脱贫攻坚的序幕。十年来，作为精准扶贫首倡地、"全国脱贫攻坚楷模"、中国传统村落、全国少数民族特色村寨、全国乡村旅游示范村、中国美丽休闲乡村、全国爱国主义教育示范基地、全国和美乡村百佳范例的十八洞村，因地制宜，立足新时代红色地标打造，以文塑旅、以旅彰文，大力发展乡村旅游，着力推进一、二、三产业融合发展，扎实推动巩固拓展脱贫攻坚成果同乡村振兴有效衔接，绘就了一幅乡村振兴的美丽画卷，探索出一条可复制、可推广的文化和旅游赋能乡村振兴之路。

（一）基本情况

十八洞村位于湖南省湘西土家族苗族自治州花垣县双龙镇西南部，总面积14162亩，耕地面积817亩，人均耕地0.83亩，林地面积11093亩，森林覆盖率78%。十八洞全村辖4个自然寨，6个村民小组，225户939人，地形以山林、峡谷、溶洞为主，素有"八山二田水，地无三尺平"之说，因域内的莲台山有十八个叉洞相连而成的大溶洞而得名。十八洞自然环境优美，生态环境良好，有"小张家界"之称。十八洞民

风淳朴，苗族原生态文化非常浓厚，是典型的苗族聚居村。长期以来，由于自然资源匮乏、生产方式落后、交通闭塞等原因，处于集中连片特困地区的十八洞，群众生活长期徘徊在贫困线以下。2013年，十八洞村225户939人中，有贫困户136户542人，人均纯收入1668元，仅为当年全国农民人均纯收入的18.75%，贫困发生率达56.76%。

2013年11月3日，习近平总书记考察十八洞村。当时的十八洞村，经济社会发展落后，贫困人口众多，要在2020年实现全民脱贫奔小康，时间紧迫，任务繁重。要与全国同步全面建成小康社会，必须从地区实际出发，认真研究本地区的特色和优势所在，找准发力点，因地制宜实施精准扶贫。习近平总书记"精准扶贫"重要理念的提出，为贫困地区加快发展、改善民生指明了方向。2014年1月23日，花垣县委抽调了以龙秀林为队长的5名党员干部组成"十八洞村精准扶贫工作队"进驻十八洞村，探索精准扶贫新模式。十年来，十八洞村以"首倡之地"行"首倡之为"，统筹推进脱贫攻坚和乡村振兴。十年来，十八洞积极探索，先行先试，注重发挥自然与人文旅游资源优势，围绕产旅结合、农旅融合、文旅配合，大力发展红色、绿色、民俗文化旅游，探索出一条可复制、可推广的文旅赋能乡村振兴之路。"湘西土家族苗族自治州花垣县十八洞村：文旅赋能 产业驱动 谱写乡村振兴新篇章"入选文化和旅游赋能乡村振兴十佳案例，成为湖南省唯一入选的案例。

（二）具体做法

十八洞村地处偏远，自然环境保护较好，自然旅游资源丰富。同时，在长期的生产、生活和社会发展中，形成了丰富多彩的民族文化，人文旅游资源深厚，对旅游者具有很强的吸引力。十八洞村立足本地客观实际，利用文化和旅游资源丰富的独特优势，大力发展文化和旅游业，有力推动脱贫发展、建成小康社会和乡村振兴。

一是以打造红色地标为抓手，推进红色文旅融合发展。十八洞深挖红色文化内涵，围绕红色资源发展特色旅游，讲好精准扶贫故事，讲好从精准扶贫首倡地到脱贫攻坚样板村、乡村振兴示范村的发展故事，精心打造红色旅游线路。十八洞村入选湖南省潇湘"红八景"，"花垣县十八洞村—吉首市矮寨奇观景区—湘西州乾州古城—湘西州泸溪县浦市古镇—湘西州凤凰县凤凰古城（包括老洞村、竹山村）—凤凰县菖蒲塘村"的"精准扶贫·首倡之地"精品线路入选"建党百年　红色旅游百条精品线路"。做实课程体系，积极拓展研学旅游。针对初中生、高中生等不同年龄段学生群体，开发了差异化的研学内容，采取现场教学、听微党课、观看红色视频、红色知识竞赛等多种多样的形式开展研学活动，不断丰富研学旅游的体验性、参与性、互动性，丰富研学课程。"十八洞村—矮寨大桥—德夯秘境—菖蒲塘村—凤凰古城—竹山苗寨"的"精准扶贫　乡村振兴"红色研学线路入选首批10条湖南红色旅游研学精品线路。用好红色旅游资源场景，丰富完善红色旅游体系。打造精准扶贫展厅，依托精准坪、感恩广场、思源餐厅等饱含寓意的名字，全面、立体地讲好脱贫故事，讲好新时代乡村振兴故事，十八洞入选全国爱国主义教育示范基地、全国青少年教育基地。

二是以突出文化特色为引领，做实生态文化旅游文章。做足绿色文章，绘就最美底色。践行"绿水青山就是金山银山"理念，凭借十八洞优美的自然环境，集合十八洞景区溶洞群、黄马岩、背儿山、擎天柱、莲台山林场等生态旅游景点，加强旅游环线、景观步道、观景平台、廊桥索桥、山水民宿、露营基地、生态厕所等基础设施建设，把绿色旅游做成风景线。2021年，"矮寨·十八洞·德夯大峡谷景区"获评国家AAAAA级旅游景区。挖掘民俗文化，促进文旅融合。依托十八洞作为苗族聚居区苗族文化深厚的优势，将苗绣、苗歌、苗鼓、苗戏等民族特色文化与旅游融合发展，开发特色文旅产品。通过苗绣展陈馆、十八洞苗绣合作社等，推动非遗文化的传承、保护和活化利用，非遗文化旅游成为十八洞一张靓丽名片。依托节会活动，激发市场活力。定期举办赶秋节、三月三、四月八等苗族传统民俗文化活动，积极举办乡村振兴论坛、十八洞相亲会、吉客节等活动，以节造势，以节聚人，吸引全国各地游客，丰富群众的精神文化生活。

三是以深化"旅游+"模式为重点，打造三产融合发展体系。积极发展特色种植、养殖业，推动以农促旅、以旅兴农。积极发展以猕猴桃为主的种植业、湘西黄牛为主的养殖业，打造包括十八洞菜籽油、十八洞黄金茶、蜂蜜、腊肉等在内的特色产业。通过发展旅游，迎来世界各地游客，推动十八洞农副产品走向全国、走向世界。立足青山绿水、特色资源，推动农文旅与加工贸易的深度整合。着眼苗族文化和非遗产品，积极开发十八洞文创产品、十八洞工艺品，推动以苗绣为主的手工艺加工业做大做强。进一步发展壮大十八洞山泉水产业，推动果酒、果脯等农副产品深加工，进一步发展建立"直播+产品""短视频+达人+文旅"等市场营销模式，推动电商、物流等产业迅速发展。

（三）取得成效

一是强村富民走在前。十年来，十八洞村发生了翻天覆地的变化，由过去的深度贫困村变成小康村，从昔日的集体经济"空壳村"变成"产业村"、全国乡村旅游示范村。2016年，十八洞村率先实现整村脱贫摘帽。2017年，全村人均纯收入达10180元，比2013年增加了5倍多；实现集体经济收入53万多元；136户贫困户533人实现稳定脱贫。十年来，村民人均年收入从2013年的1668元增加到2023年的25456元，村集体经济也从过去的空白，增长至年收入507万元。2023年累计接待游客83.8万人次，实现旅游收入近2000万元。2014年以来，十八洞村先后荣获"全国少数民族特色村寨""全国乡村旅游示范村""全国文明村""全国民族团结进步示范村""全省脱贫攻坚示范村""全国先进基层党组织"等殊荣。

表5-2　2013—2023年十八洞收入一览表

（注：2014—2016年村集体收入未获取数据）

二是千年苗寨换新颜。十年来,十八洞出行条件极大改善,由过去的泥巴路改成了水泥路,自来水进家入户,老百姓们用上了放心电,厕所也变得干净整洁。全村都铺设无线网络,村民们足不出户可联通世界。此外,村里面还建起了电商服务站、金融服务站、邮政服务站、无线宽带服务站等,村民的生活更加方便,农产品流通更加便捷。村小学建成现代化网络联校教室,游客服务中心、感恩坪、精准扶贫首倡地广场等先后建成,生活墙画越来越美,赶秋节、三月三、四月八等民俗活动让村民们极大地丰富了精神文化生活,十八洞已换了模样。

三是精神富足谋新篇。今日的十八洞村,人们的精神面貌发生了根本性的变化。过去的十八洞,人们物质贫困、生活困难、发展无望,而比物质贫困更可怕的是人们思想意识上的贫困。群众"等、靠、要"依赖思想严重,普遍存在人心不齐、自由散漫的现象,村民内生动力不足、发展能力不足。十年来,从"要我脱贫"为"我要脱贫",从"要我干"为"我要干",村民的精气神越来越好,干劲越来越足。曾被戏称"没有产业口袋空、没有老婆家庭空、没有人气寨子空、没有精神脑袋空"的十八洞村在党的坚强领导下,在广大干部群众的齐心努力下,发生了沧桑巨变,村民们依靠自己的勤劳双手、顽强意志、不懈奋斗,实现由深度贫困向高质量脱贫小康的蝶变,不仅迅速改变了村里的落后面貌,更为可贵的是形成了积极向上、团结互助和艰苦奋斗的良好精神状态。

第六章 湖南文化和旅游赋能
乡村振兴的主要经验

一、坚持高位推动，统筹谋划文化和旅游赋能乡村振兴工作

（一）党政高度重视

湖南省委、省政府高度重视，将文化和旅游赋能乡村振兴工作纳入全省重大决策部署。湖南省十三届人大常委会通过的《湖南省乡村振兴促进条例》2023年开始施行，充分发挥立法在乡村振兴中的保障和推动作用，推进乡村旅游和文化发展。湖南出台《关于加快建设世界旅游目的地的意见》，构建了"1+13+N"上下联动举办旅发大会的模式，推动实施乡村休闲旅游精品工程，开展全省乡村旅游"四个一百"示范工程。推动省文化和旅游厅、省委宣传部、省发展和改革委等19部门联合出台

《关于进一步推动文化和旅游赋能乡村振兴的若干措施》。全省上下形成发展乡村文化和旅游的广泛共识，深刻认识到"促进共同富裕，最艰巨最繁重的任务仍然在农村"；深刻认识到作为农业大省，在实现全体人民共同富裕的道路上，全面推进乡村振兴是湖南必须做好的答卷；深刻认识到发展文化和旅游是推进湖南实现全面乡村振兴的重要抓手，对实现乡村振兴的总要求，统筹实施"五个振兴"具有重要意义。

（二）坚持全域谋划

　　始终把文化和旅游摆到促进乡村振兴的大局中去谋划。把文化和旅游作为提升乡村社会文明程度的重要引擎，积极开展文化惠民活动，深入全省1462个乡镇（村）开展惠民活动4790场，激发广大农民投身乡村振兴的积极性和主动性。把文化和旅游作为提升乡村群众生活品质的重要保障，深入推进乡村公共文化服务"门前十小"示范工程，创建"最美潇湘文化阵地"140个，努力构建适应基层群众需求的"十五分钟文化圈"。县级图书馆、文化馆总分馆制建设完成率分别为138%、127%。把文化和旅游作为提升乡村生态环境质量的重要载体，坚持在保护中开发、在开发中保护，促进乡村生态文明建设。凤凰县为发展全域旅游，引进社会资本9.8亿元，完成全县17个乡镇的给排水和污水收集、处理工程，用"绿水青山"换来了"金山银山"。把文化和旅游作为提升乡村产业发展水平的重要途径，深入实施《湖南省乡村旅游高质量发展三年行动计划》，重点支持15个省级乡村振兴重点帮扶县，"3+N"上下联动举办旅发大会的模式，推动实施乡村休闲旅游精品工程，启动支持全省乡村旅游"四个一百"示范工程。

（三）强化考核评价

省委、省政府分管领导亲力亲为抓落实，将文化和旅游产业增加值占地区生产总值比重及增速纳入湖南省县域经济考核评价实施办法，将农村公共文化服务主要指标写入《湖南省实施乡村振兴战略实绩考核暂行办法》，列入省委、省政府对市州党委、政府、文化和旅游行政部门绩效评估项目，与全省实施乡村振兴战略实绩考核、全面建成小康社会监测考评、高质量发展监测评价同步推进。省文旅厅、省发改委、省财政厅出台《湖南省公共文化服务体系高质量发展五年行动计划（2021年—2025年）》，加强指导城乡公共文化服务一体化建设，坚持以实现城乡文化服务均等化为目标，让农村群众在家门口就能享受到优质公共文化服务，提出当前和今后一个时期全省公共文化服务高质量发展的总体要求、主要任务和重点评价指标。省文旅厅、省发改委等十九部门联合出台《关于进一步推动文化和旅游赋能乡村振兴的若干措施》，提出湖南文化和旅游赋能乡村振兴主要发展指标，并纳入省政府真抓实干督查激励考核评价体系和文旅工作考核先进单位表彰，充分发挥考核评价的指挥棒作用，有效调动各地推动文化和旅游赋能乡村振兴的主动性自觉性。

二、强化协同联动，构建文化和旅游赋能乡村振兴工作格局

（一）省地联动部门协同，强化政策保障

各地各部门出台了一系列促进文化和旅游赋能乡村振兴的政策措

施，形成了发展合力。省发改委、省财政厅、省文化和旅游厅、省农业农村厅、省发展改革委等结合各自的职能职责，出台一系列文件，推动乡村文化和旅游发展，如《推进县域经济高质量发展实施方案（2022—2025年）》《湖南省"十四五"巩固拓展脱贫攻坚成果同乡村振兴有效衔接规划》《湖南省"十四五"时期推进旅游业高质量发展行动方案》《关于扎实推进"十四五"农村厕所革命的实施意见》《湖南省文化生态旅游融合发展精品线路旅行社送客入村奖励办法》《湖南省乡村旅游发展专项规划（2022—2030年）》《湖南省乡村旅游高质量发展三年行动计划（2023—2025年）》《推进"四个一百"工程建设方案》《打造万亿产业，推进文化创意旅游产业倍增若干措施》《关于全力服务促进乡村振兴的若干意见》《智慧旅游村镇（乡）评价规范》《关于推动湖南高品质旅游住宿业发展的若干措施》《湖南省群众文艺精品创作三年行动计划（2023年—2025年）》等。各地结合当地实际，出台了细化措施。如《湘西土家族苗族自治州推动文化和旅游赋能乡村振兴若干措施》《资兴市民宿管理办法》《娄底市支持文旅产业高质量发展的若干政策措施》《中共岳阳市委、岳阳市人民政府关于加快文化旅游产业高质量发展的实施意见》《衡阳市落实"文旅兴城"发展战略促进文旅产业高质量发展若干政策措施（试行）实施细则》《2024年张家界市旅游发展奖励实施方案》等。这些政策形成了一套相对完整的政策体系，文化和旅游赋能乡村振兴的具体措施得以优化细化，加强了湖南省文化和旅游赋能乡村振兴工作的统筹指导，共同形成了上下联动、分工指导、协调推进、齐抓共管文化和旅游赋能乡村振兴的工作格局，让文化和旅游赋能乡村振兴更有保障。

表6-1　湖南省文化和旅游赋能乡村振兴的主要政策

文件名称	发文单位	发布时间	主要内容
湖南省文化生态旅游融合发展精品线路旅行社送客入村奖励办法	湖南省文旅厅、省发改委、省财政厅	2019年4月	设置送客入村人数奖、入村团队规模奖、年度业绩排名奖，对旅行社送客入村进行奖励等
湖南省支持省级特色产业小镇发展的政策意见（2019—2021年）	湖南省政府办公厅	2019年11月	通过统筹省级财政资金给予支持特色产业小镇的旅游标识、文物保护等公共服务类重点项目和旅游公路、物流通道、环境综合治理、服务配套等基础设施类重点项目；支持特色产业小镇开展美丽乡村示范村和全域示范创建工作；等等
关于规范和推进乡村民宿建设的指导意见	湖南省住建厅	2020年12月	对民宿建设的范围、风貌特色、生态环境、基础设施配套、建筑设计水平、结构和设施安全、消防能力、建设监管等方面进行规范等
湖南省"十四五"时期推进旅游业高质量发展行动方案	湖南省发改委、省文旅厅	2021年9月	提升乡村旅游发展质量。以乡村振兴为目标、以休闲农庄、休闲乡村为载体，以实施休闲农业与乡村旅游精品工程为抓手探索都市依托型、景区辐射型、特色文化型、产业支撑型等乡村旅游发展模式

续表

文件名称	发文单位	发布时间	主要内容
			开展"百企百村"乡村旅游振兴结对帮扶，推动经营主体抱团发展，打造一批民宿集聚区和乡村旅游重点村镇。继续实施"送客入村"工程和"乡村旅游后备箱"工程。深化星级乡村旅游区点创建，推动五星级乡村旅游区点向乡村度假转型升级。全国乡村旅游重点村达到60个以上、省级重点村达到100个以上；促进文物、历史文化名城（镇、村、街区）、非物质文化遗产、民间艺术、影视动漫等文化元素与旅游结合；加快乡村旅游驿站建设，提升乡村旅游公路质量等级；等等
湖南省"十四五"巩固拓展脱贫攻坚成果同乡村振兴有效衔接规划	湖南省乡村振兴局、省发改委	2021年9月	提升农业农村生态资源价值。支持脱贫地区发展乡村旅游、休闲农业、文化体验等新业态；在现代农业主体功能外，延伸附加休闲娱乐和研学教育功能，建立创意农庄、创意农业园；以星级乡村旅游区（点）、星级农庄为依托，通过开发乡村旅游精品线路，形成乡村旅游聚集区和乡村旅游产业园区；持续推动"双带双加"旅游帮扶模式，实施"乡村旅游后备箱"工程；等等

文件名称	发文单位	发布时间	主要内容
湖南省"十四五"农业农村现代化规划	湖南省人民政府办公厅	2021年10月	深度发掘农业多种功能和乡村多重价值，探索开发特色农家乐集聚村、沉浸式体验、文化休闲、乡村康养、古村体验、产村融合家庭农场等乡村休闲旅游模式。健全乡村特色公共文化服务体系，高质量开展各类文艺文化下乡惠民活动；加强村级文化体育设施建设，实施"家门口十小"示范工程，持续推进农村基层综合性文化服务中心建设；深化基层一门式公共服务建设；等等
湖南省特色小镇综合评价办法	湖南省发改委、省农业农村厅、省文旅厅	2022年8月	建立特色小镇评价考核机制；促进特色小镇规范健康发展；等等
关于加快建设世界旅游目的地的意见	湖南省委、湖南省人民政府	2022年9月	实施乡村休闲旅游精品工程，打造一批省级星级休闲农庄、示范农庄、休闲农业集聚发展示范村和乡村休闲旅游精品景点线路，支持符合要求的乡村休闲旅游项目创建科普基地和中小学劳动教育实践基地；以"四个一百"工程为抓手，在全省支持建设100个乡村旅游精品民宿聚集区、100个乡村旅游精品营地、100个乡村旅游精品村、100个乡村旅游精品廊道；支持湘西地区创建文旅助力乡村振兴创新示范区；等等

文件名称	发文单位	发布时间	主要内容
湖南省乡村建设行动实施方案	湖南省委办公厅、省政府办公厅	2022年11月	促进农村公路与乡村产业深度融合发展，重点建设农村产业路、旅游路、资源路1.8万公里；重点整治水源保护区和城乡接合部、乡镇政府驻地、中心村、旅游风景区等区域农村生活污水；推进文旅产业赋能乡村振兴，发展休闲观光旅游等产业必需的配套设施建设；加强乡村历史文化保护传承，科学保护大树古树，编制历史文化名村（传统村落）保护规划；推动中国历史文化名镇名村和传统数字博物馆建设；持续推进农村基层综合性文化服务中心建设，实施"门前十小"工程；保护民族村寨、特色民居、文物古迹、农业遗迹、民俗风貌；发展农村网络文化阵地，面向农民群众提供公共数字文化服务；开展"欢乐潇湘""湖南公共文化进村入户·戏曲进乡村"等文化下乡活动；加强农耕文化传承保护，推动非遗工坊建设；等等
			推进农业与文化、旅游、康养等产业深度融合；支持整合当地旅游资源，建设爱国主义教育基地、研学基地，发展红色旅游、乡村旅游

文件名称	发文单位	发布时间	主要内容
湖南省乡村振兴促进条例	湖南省第十三届人民代表大会常务委员会第三十四次会议通过	2022年11月	各级人民政府应当建立健全乡村公共文化服务体系；加强基层公共文化设施的数字化和网络建设，提升服务效能，丰富乡村文化生活；各级人民政府应当推进文化惠民工程，开展农村群众性文化体育、节日民俗等活动，支持创作反映农民生产生活和乡村振兴实践的优秀文艺作品，鼓励和引导社会力量参与乡村公共文化产品供给，满足村民基本文化需求；等等
关于进一步推动文化和旅游赋能乡村振兴的若干措施	湖南省文旅厅、省委宣传部、省发改委等十九部门	2023年6月	完善乡村文旅公共服务设施；提高公共文化服务水平；持续培育文明乡风；推动乡村非遗传承发展；丰富乡村旅游产品；打造乡村旅游品牌；推动乡村文旅科技深度融合；壮大乡村文旅市场主体；加强乡村文旅智慧化建设；提升乡村旅游运营服务水平；规范乡村旅游新业态发展；等等
推进"四个一百"工程建设方案	湖南省文旅厅	2023年11月	2023—2025年在全省支持建设100个乡村旅游精品民宿聚集区、100个乡村旅游精品营地、100个乡村旅游精品村、100个乡村旅游精品廊道，推动全省乡村旅游高质量发展；等等

续表

文件名称	发文单位	发布时间	主要内容
湖南省推进文化创意旅游产业倍增计划实施方案	湖南省文旅厅	2024年3月	丰富现代工农业旅游业态。丰富农业休闲、生态康养、乡村民宿、非遗体验等发展平台和业态。开展文化产业赋能乡村振兴试点；支持平江县、炎陵县、凤凰县开展文旅赋能乡村振兴试点创新；等等
打造万亿产业，推进文化创意旅游产业倍增若干措施	湖南省文旅厅	2024年3月	推出乡村文旅精品，实施乡村旅游"四个一百"工程，重点培育40个乡村旅游精品民宿聚集区、35个乡村旅游精品营地、35个乡村旅游精品村、40个乡村旅游精品廊道；支持创建一批省级非遗工坊、非遗镇（村）和非遗街区等示范点；推选一批"民间文化艺术之乡"；等等
关于推动湖南高品质旅游住宿业发展的若干措施	湖南省文旅厅	2024年4月	提出旅游住宿业发展的目标和具体措施，如打造一批与自然风光、美食旅游、红色旅游、乡村旅游、民俗文化、温泉、康养等融合发展的休闲度假饭店和民宿集群，丰富旅游住宿业态供给；依托旅游度假区、乡村旅游重点村镇等，构建乡村旅游民宿精品化、多元化发展格局；等等

（二）压紧压实工作责任，推动工作落实

成立建设世界旅游目的地推进工作领导小组、全省旅游产业发展领导小组，各市州文旅部门对应成立相应工作领导小组，将乡村文化和旅游工作纳入工作重要内容，形成省地联动抓落实工作机制。如湘西土家族苗族自治州成立州委文化旅游工作委员会和州文化旅游产业链建设领导小组，由州委主要负责同志担任工作委员会组长和产业链链长，统筹布局乡村文化和旅游等各项工作。湖南出台的《关于进一步推动文化和旅游赋能乡村振兴的若干措施》《湖南省推进文化创意旅游产业倍增计划实施方案》《关于推动湖南高品质旅游住宿业发展的若干措施》等文件既有总体要求也有主要任务，既有责任单位也有重点评价指标，有力推动各部门进一步明确湖南文化和旅游赋能乡村振兴主要发展指标，推动对标对表抓好落实。湖南省文旅厅、农业农村厅、卫健委、林业局、民政厅、中医药管理局、体育局等相关部门联合打造了一批星级农业休闲庄园、休闲农业示范农庄、休闲农业集聚发展示范村、生态旅游示范基地、体育旅游示范基地、休闲农业和乡村旅游示范县、中医药康养旅游示范体验基地等国家级和省级产业融合品牌，打造推荐了一批休闲农业精品景点线路、中医药康养旅游精品线路等"文旅+"产业融合线路，进一步丰富了乡村旅游新业态，促进产业融合发展。

表6-2　湖南文化和旅游赋能乡村振兴主要发展指标

类别	指标名称	指标任务	备注
公共文化服务水平	群文活动参与人次	1.5亿	到2025年
	注册文旅志愿者	40万人	
	年指导、培训、服务人次	1000万	
	培育乡村网红	1000人以上	
文明乡风	全省县级及以上文明村占比	60%以上	到2025年
	全省县级及以上文明乡镇占比	75%以上	
乡村非遗传承发展	非遗工坊、非遗村镇、非遗街区省级示范点	100个	
乡村旅游产品	高水平湘菜师傅	5000名	到2025年
	夜间消费场景	100个	
	乡村旅游网红打卡地	每年30个	
乡村旅游品牌	乡村旅游精品民宿聚集区	100个	乡村旅游品牌
	乡村旅游精品营地	100个	
	乡村旅游精品村	100个	
	乡村旅游精品廊道	100个	
	特色节会活动	每年100场以上	

类别	指标名称	指标任务	备注
乡村文旅科技深度融合	中小型、主题性、特色类旅游演出项目	100个	到2025年
	省级以上文物保护单位的保护与展示项目	200个以上	
乡村旅游运营服务水平	培训各类人员	每年5000人次	
乡村文旅人才队伍	乡镇文化站长、农家书屋管理员以及基层音乐、舞蹈、非遗等工作者培训	每年不少于1000人次	
	高级职称的文艺专家到基层定点帮扶	每年50位	
	文化人才服务乡村基层一线招募	超1000名	
	省级乡村文化和旅游能人	每年100名	
	省级乡村文化和旅游能人支持项目	每年20个	

2023年，全国文化和旅游赋能乡村振兴工作现场经验交流会在湘西州召开。湖南省文化和旅游厅党组书记、厅长李爱武以《发扬精准扶贫首倡地精神　不断探索文化和旅游赋能乡村振兴新经验》为主题作交流发言。同年，岳阳市平江县、株洲市炎陵县、湘西土家族苗族自治州凤凰县入选国家首批文化产业赋能乡村振兴试点名单。2024年，"湘西土家

族苗族自治州花垣县十八洞村：赓续'首倡精神'谱写乡村振兴新篇章"案例入选文旅部文化和旅游赋能乡村振兴"十佳"案例。一系列成绩的取得，充分体现湖南在文化和旅游赋能乡村振兴方面积极主动、担当作为，做到工作部署安排及时、政策措施较为全面、工作推动扎实有效。

三、突出项目抓手，发挥文化和旅游赋能乡村振兴带动作用

湖南将乡村文化和旅游项目纳入全省重大项目建设，以项目建设为抓手，围绕乡村旅游景区景点提质、乡村文旅基础设施升级、乡村文化资源保护与开发等进行项目建设，推动湖南乡村文旅产业发展持续升温。自2022年起，湖南每年举办旅游发展大会。2022年在张家界举办首届湖南旅游发展大会，2023年在郴州举办第二届湖南旅游发展大会，2024年在衡阳举办第三届湖南旅游发展大会。截至2024年上半年，全省共94个县（市区）举办或参与旅发大会系列活动。以办好省级旅游发展大会为抓手，湖南统筹资金、项目、政策等要素向乡村地区集中，通过乡村文化和旅游高水平项目建设引领乡村发展新势能。省财政每年安排1亿元支持省级旅发大会承办地，省直部门年度涉文旅专项资金的10%用于支持省级旅发大会承办地，省直有关部门根据职能职责积极出台相应支持政策。2022年、2023年两届旅游发展大会共铺排乡村文化和旅游项目436个，总投资达495亿元；其他市州投资3亿元以上的乡村文化和旅游项目共163个、总投资1230亿元。2024年3月，湖南省"潮起潇湘　产业倍增"重大文旅项目集中开工仪式在衡阳举行，一季度全省开工文旅项目82个，总投资达298.96亿元。平江县政府累计投入资金33.3亿元改善旅

游基础设施，全面提升乡村旅游配套服务功能，如改善乡村旅游厕所、旅游标识标牌、游客服务中心、停车场等，推动旅游智慧平台建设，部分镇村还建设了旅游服务驿站。

四、聚力人才赋能，夯实文化和旅游赋能乡村振兴发展基石

文化和旅游赋能乡村振兴，人才是关键。为进一步发挥乡村文旅"人才蓄水池"作用，进一步提升乡村文化和旅游产业从业人员能力素质，加强人才队伍建设，湖南采取了一系列举措。

（一）开展专题培训，提升经营管理服务水平

充分发挥高校、培训机构等资源优势，邀请行业专家授课，围绕乡村旅游从业人员的服务水平和能力提升、乡村旅游文化挖掘、乡村旅游规划建设、乡村文化产业发展、乡村文旅管理人才培养等内容组织开展线上线下各类培训班，提升乡村文旅从业人员和管理人员的职业素养、专业技能等。湖南省文化和旅游厅开展"新农人"和乡村文艺骨干人才培训，从2019年面向全省乡村旅游经营者、从业、研究和管理人员开展乡村旅游人才网络直播课堂培训，累计收看人数超过300万人次，近10万人受益。实施农村基层干部乡村振兴等主题培训计划，分别在常德、张家界、怀化、邵阳、郴州及长沙举办大湘西文化生态旅游精品线路服务提升培训班，共培训省级特色文旅小镇负责人、"湘村客栈"及特色民宿带头人、文化生态旅游精品线路旅游景区负责人、乡村旅游商品设计、营销人员等580人；依托乡村旅游促进会和湖南乡旅学堂微信群，组织乡村旅游管理和从业人员培训万余人

次。此外，湖南省文旅厅组织"文旅赋能乡村振兴"导游人才（湘西州）技能提升培训班、乡村文旅能人培训班、艰苦边远地区和基层一线文化工作者培训班，湖南省农业农村厅举办了湖南休闲农业与乡村旅游培训班，培养一批文化站长、金牌导游工作室带头人等，不断加强基层文化和旅游人才队伍建设。省人社厅支持湖南师范大学举办"乡村旅游推动乡村振兴发展"和"乡村振兴战略视角下乡村旅游与乡村治理"等国家级高级研修班，2021年将"文旅人才、文旅从业人员培训"列入全省专业技术人员重点研修培训主题，对全省乡村旅游领域专技人才进行调训，稳步提升了全省乡村旅游领域人才业务水平和创新能力。长沙县组织了高素质农民培训长沙县农文旅融合发展专题班等主题鲜明、成效明显的培训班。常德市将乡村旅游纳入各级乡村振兴干部培训计划，加强对各级党政领导发展乡村旅游的专题培训，组织乡村旅游重点村（镇）、乡村旅游区（点）的经营管理人员外出参观学习。

（二）发挥能人效应，发挥能人示范带动作用

积极发挥文化扶志扶智作用，湖南省委将"湖南省文旅人才支持计划"纳入全省九大人才计划之列。制定《芙蓉计划湖南省文旅人才支持项目管理办法（试行）》，从2022年至2025年每年公开评选100名乡村文化和旅游能人。2022年，统筹安排资金1481万元用作文化人才专项经费，1134名文化人才深入全省各地乡村，助力乡村文化旅游发展。省人社厅"湘才乡连"万名专家服务乡村振兴行动，组织一批文化和旅游方面专家深入农村开展服务，推动文化和旅游相关人才资源向基层乡村聚焦。从2019年起，湖南积极向文化和旅游部推荐乡村文化和旅游带头人（能人），截至2023年先后有5批次共94人入选全

国乡村文化和旅游带头人（能人）支持项目。国家级和省级乡村文化和旅游能人作为行业领域的优秀典型，既在乡村传承弘扬中华优秀传统文化，又推动乡村文化和旅游融合发展，起到了良好的榜样引领作用。2022年全国乡村文化和旅游带头人罗霄返乡创业，创办旅行社、生态农业有限责任公司、餐饮公司等，打造民宿共同体，创建集农业、乡村旅游、娱乐集乡土文化展示于一体的生态农场等，走出了一条带动产业发展、村民增收的乡村致富路。各地依托"迎老乡·回故乡·建家乡"工程和"千名致富带头人"培训等工程，成功引进一大批返乡成功人士投资乡村文化和旅游发展、带动村民就业创业，助力乡村振兴。如2023年度湖南省乡村文旅能人方小兵创办了"小埠大院体验式文化园"，拉动了乡村配套旅游产业，"小埠大院"获评湖南省五星级乡村旅游点。此外，各地还积极引导大学生、文化和艺术人才、青年创业团队等到乡村从事文化和旅游工作，乡村文化和旅游"创客"成为乡村振兴生力军。

五、抓实创新驱动，增强文化和旅游赋能乡村振兴发展动能

创新是发展的不竭动力。在文化和旅游赋能乡村振兴工作中，湖南主动担当作为，创新机制、创新标准、创新举措，激发乡村文化和旅游发展新动能。

（一）创设新机制

为鼓励更多群众到乡村去旅游消费，2019年4月，湖南出台了国

内首个针对"送客入村"工作的省级专项奖励政策——《湖南省文化生态旅游融合发展精品线路旅行社送客入村奖励办法》,"送客入村"已精准送客320余万人,产生直接经济收入8.59亿元,带动文旅相关消费超200亿元,旅行社获得4700多万元奖励,湖南"送客入村"获"2019中国旅游影响力年度营销推广活动"奖。2022年,湖南在全国率先开展非遗工坊、非遗村镇、非遗街区示范点创建,发挥示范作用,助推乡村振兴。截至2022年底,全省设立非遗工坊264家,总投入416945.15万元,其中投资1亿元以上的4家、500万元至1亿元的210家。

(二)打造新标准

出台《湖南省美丽乡村评价规范》《村(社区)综合文化服务中心建设与服务规范》《乡村旅游区(点)经营基本条件》《乡村旅游区(点)星级评定准则》《红色教育培训机构服务与管理规范》《红色教育现场教学规范》《民族客栈建设与评定》《智慧旅游村镇(乡)评价规范》等一系列地方规范与标准。省文旅厅下发"大湘西文化生态旅游精品线路特色民宿标准""大湘西文化生态旅游精品线路家庭旅馆基本条件与评定"等规范标准。张家界梓山漫居作为湖南省民族客栈服务标准化试点单位,制定企业标准129项,国家、行业、地方标准58项,不断提升民族客栈品质,其所处的武陵源区协合乡龙尾巴居委会被评为湖南省首批乡村旅游重点村。通过标准化建设,进一步提升乡村文化和旅游的基础建设条件,提升乡村文化和旅游服务质量,推动湖南乡村文化和旅游的高质量发展。

（三）展现新举措

湖南各地积极探索推动乡村文化和旅游发展的新路径。推进乡村文化保护与传承，在国家级武陵山区（湘西）土家族苗族文化生态保护区建设中，探索非遗保护与文物保护、非遗保护与项目建设、非遗保护与文旅产业、非遗保护与乡村振兴相结合的"四个结合"建设模式，积极探索非遗促旅游、旅游助非遗的发展路径，"四个结合"的湖南实践在全国推广。积极在农文旅融合助推产业发展、乡风建设、乡村治理、村民致富方面进行探索与实践，涌现出一批有代表性、有影响力的案例。以衡阳县梅花村为例，针对乡村旅游和休闲农业周期长、见效慢，资金缺口大、融资压力大等问题，积极争取金融支持、财政保障和社会资本投入。通过开展信用乡村创建，协调衡阳农商银行等实行整村授信，配套建立村民个人信用积分制度，村民贷款额度的大小直接与信用积分挂钩，解决了农户没有抵押、贷款困难的问题。积极争取财政和社会资金，鼓励村民自筹资金共同带活乡村产业发展，吸引产业项目投入超过3亿元。针对村集体经济薄弱、村级组织号召力不强的问题。梅花村与社会资本合作，成立以乡村文旅为主的梅花股份经济合作社，村集体经济以基础设施或配套服务入股占股40%，村民自愿入股，收益按股分红，让村民变股东，壮大村集体经济。2023年，梅花村村集体收入达280万元，村集体有钱了，基层组织更有威信了。针对发展乡村旅游土地流转不畅、农旅融合用地难，影响规模发展的问题，梅花村深化"三权分置"改革，确权到组不到户，愿意流转的村民由村民小组长代理与种粮大户、田园综合体等签订合同，土地流转费每三年增长10%。针对乡风不够文明、基层治理困难等问题，梅花村开设"厚德同心积分银行"，实行积分制管理，村民用行为换积分，以积分换实物。通过积分制，引导村民积极参与环境整治，倡导文明新风，村民积极参加广场舞等文化健身活动等，让积分成为乡村治理的抓手。梅花村先后获得全国先进基层党组织、全国乡村治理示范村、全国森林村庄、省美丽乡村建设示范村精品村等一系列国家、省级荣誉，走出了农文旅融合发展，推动产业发展、乡村治理、村民富裕，助推乡村振兴方面的"梅花样本"。

六、立足经验总结，探索文化和旅游赋能乡村振兴"湖南模式"

全省各地坚持因地制宜、突出特色，探索形成了文化和旅游赋能乡村振兴"湖南模式"，包括"红色演绎"模式、"非遗破圈"模式、"资源联姻"模式、"湘村雅居"模式、"地标活化"模式、"节会促兴"模式、"IP塑旅"模式、"湘贤引领"模式等八大模式。通过经验总结，让各地乡村学习有榜样、行动有标尺、追赶有目标，提振了乡村发展文化和旅游的信心与决心，引领乡村文化和旅游竞相发展、全面发展、升级发展。

（一）"红色演绎""非遗破圈"立足资源禀赋，用足用活资源

一是充分发挥湖南红色文化底蕴深厚、红色资源丰富的资源优势，发展红色旅游，以"红色演绎"模式推动红色资源活起来。"半条被子"故事发生地旧址汝城县沙洲村深挖长征故事、革命足迹，建设"半条被子的温暖"专题陈列馆、红军广场、红军卫生部旧址等十多处景点，将资源优势转化为发展优势，推动红色旅游发展。沙洲村作为新时代红色

文化新地标，被评为"中国美丽休闲乡村""中国历史文化名村""全国乡村旅游重点村"等。

二是充分利用非遗文化资源优势，积极做好"非遗+"文章，在非遗创造性转化和创新性发展中推动非遗与旅游、乡村振兴融合发展，"非遗破圈"模式让非遗资源火起来。郴州苏仙区瓦灶村依托湖南省非遗项目栖凤渡鱼粉制作技艺，创立栖凤渡鱼粉制作技艺工坊，建立栖凤渡鱼粉历史展厅、鱼粉制作体验基地，形成了集种植养殖、加工、非遗研学体验、乡村特色旅游于一体的文旅综合产业园，充分发挥"非遗+"优势，打造了"小鱼粉，大产业"，先后被评为湖南省五星级乡村旅游点（区）、国家五星级休闲农庄。

（二）"湘贤引领""资源联姻"整合力量资源，加强统筹协调

一是整合人力资源，各地通过出政策搭平台，促进乡贤以智力回乡、技术回乡、项目回乡、资金回乡等方式助力乡村振兴，"湘贤引领"模式让乡贤在文化和旅游赋能乡村振兴中显身手、展担当、促发展。常德柳叶湖旅游度假区推动能人返乡，引进旅游、电商等方面能人20余名，采取"能人带户、合作社+农户、企业+农户"等模式，打造景区、能人、合作社、企业等利益共同体，其旅游扶贫经验被中央电视台推介。

二是"资源联姻"模式整合乡村优势资源，通过县乡联动、跨区联动、景村联动等，实现强强联手、优势互补，增强了发展合力与活力。资兴市将国家AAAAA级景区东江湖周边的闲置房产进行整合，大力发展旅游民宿产业，科学合理布局，实行错位发展，出台民宿管理办法，成立民宿协会，加强行业监管，打造精品线路，实行联合营销，让"民宿+"旅游经济成为乡村文化旅游产业发展的新亮点。

（三）"湘村雅居""地标活化"着眼提质升级，激发市场活力

一是围绕打造更加宜居宜游的美丽乡村，湖南立足自然环境条件、文化特色等打造各具特色的湖南乡村。"湘村雅居"模式走出了环境雅致、生活雅趣，居住环境富有雅风雅意的乡村建设新路径。对标美丽乡村建设要求，株洲市在乡村文化阵地建设上下功夫，乡村综合文化站、村级综合文化服务中心建成率均达100%，农家书屋行政村全覆盖，成功创建国家公共文化服务体系示范区。张家界市着眼于不同乡村的文化、景观、民族风俗差异等打造各具特色的乡村美丽屋场。慈利县阳和乡突出旅游服务特色，桑植县桑慈沿县突出白族风俗特色等。桂阳县和谐村以"和"为主题，提炼"荷、禾、河"特色元素，打造"四园九心三十六点"。

二是"地标活化"模式，重新擦亮地理标志农产品和文化地标，让地标成为乡村一张靓丽的"名片"，推动乡村文化和旅游发展。依托享誉全国的地理标志保护产品炎陵黄桃，炎陵积极发展"黄桃+旅游"，创建炎陵黄桃特色小镇，开发"采摘游、赏花游"等旅游产品，推动黄桃深加工产品销售，推动了乡村旅游业发展。望城区铜官窑街道依托"古镇热""民宿热""陶瓷热"的消费热点，打造现代古窑文旅小镇，对铜官老街进行"修旧如旧"保护性开发，打造欧阳询文化园、五号山谷隐世民宿等文旅项目，拉动了文旅消费。

（四）"节会促兴""IP塑旅"创新消费场景，闯出发展新路

一是随着新业态新模式的不断涌现，传统的文旅消费场景也面临着创新与变革。"节会促兴"模式通过丰富节会内涵，打造各具特色的节

会库，促进新的文旅消费增长点。龙山惹巴拉通过承办湖南省（夏季）乡村文化旅游节的契机，开展土家"舍巴日""到人民中去，走进惹巴拉"、土家美食节、土家织锦展等丰富多彩的活动，加强了文旅基础设施建设、强化宣传营销，让"流量"变"留量"，"引力"变实力。

二是"IP塑旅"通过影视IP、乡村主题IP等，增强乡村对旅游者的吸引力，掀起新一轮文旅消费热潮。宁远县湾井镇打造以状元IP育村、强村、富村，打造了状元文化体验之旅等旅游精品线路，举办了状元启蒙礼等主题活动，开发了状元水丸子等特色小吃，走出了一条文化资源符号化、文化符号产业化的发展道路。平江县伍市镇充分利用湖南文化产业大省的优势，依托"电视湘军""娱乐湘军"引进湖南卫视综艺节目《云上的小店》，发起"云上的小店一起发现乡村新美好"活动，将美丽风景、地道美食、多彩非遗等进行立体展示，推动文化赋能乡村振兴，打造出"影视+文旅"融合发展的成功标杆。

七、聚焦示范引领，打造文化和旅游赋能乡村振兴"湖南样板"

（一）注重立标打样，典型案例诠释湖南担当

在湖南文化和旅游赋能乡村的生动实践中，涌现出一批有代表性的典型案例，以湖南样本诠释了湖南担当。《浏阳油纸伞：小小油纸伞撑开共富新天地》《湘西苗绣："让妈妈回家"》《栖凤渡鱼粉：小鱼粉服务乡村振兴大战略》《梅山棕编：绿色棕编融入现代生活》4个非遗工坊典型案例入选全国典型案例。湖南省长沙县开慧镇"传承红色基因，以文化'铸魂'赋能乡村振兴"案例荣获全国"建设乡村公共文化"领域

优秀案例。湖南省长沙市湘江新区白箬铺镇红色旅游、株洲市茶陵县客家火龙、衡阳市衡阳县釉下五彩瓷、湘潭市韶山市数字韶山村、湘西土家族苗族自治州凤凰县德榜苗银入选2023年全国乡村特色文化艺术典型案例。湖南省永州市道县道州调子戏入围2023年全国乡村特色文化艺术典型案例。长沙市长沙县"'云上·五悦'全域智慧数字文化服务网创新实践"和株洲市攸县"建设'门前十小'弘扬文明乡风 打造幸福屋场"为中央宣传部、国家文化和旅游部、国家发展改革委组织遴选的基层公共文化服务高质量发展典型案例。《邵阳市隆回县：挑出瑶乡"振兴花"》《常宁市：版画艺术创新　引领乡村产业振兴》《五道水镇：弘扬桑植民歌文化　建设乡村振兴强镇》入选"中国民间文化艺术之乡"建设典型案例。湖南省武陵源区《"世界自然遗产旅游+"的脱贫之路》案例入选《2021世界旅游联盟——旅游助力乡村振兴案例》，成为全省唯一入选的案例。"湘西土家族苗族自治州花垣县十八洞村：文旅赋能产业驱动　谱写乡村振兴新篇章"入选文化和旅游赋能乡村振兴十佳案例，成为湖南省唯一入选的案例。湖南省永州市祁阳县茅竹镇三家村、邵阳市新邵县严塘镇白水洞村、湘西土家族苗族自治州凤凰县麻冲乡竹山村、怀化市鹤城区大坪村、衡阳市南岳区南岳镇红星村5个村旅游扶贫案例入选文化和旅游部推出的《体验脱贫成就·助力乡村振兴全国乡村旅游扶贫示范案例选编》。《文化和旅游激活乡村"沉寂资源"——湖南湘西土家族苗族自治州探索文化和旅游赋能乡村全面振兴发展新路径》入选第六批全国干部学习培训教材，是湖南省唯一入选案例。

（二）树立精品意识，文旅赋能建设湖南品牌

湖南积极以品牌建设为引领，推动乡村文化和旅游升级发展。大力

推动乡村旅游重点镇（乡）、乡村旅游重点村、文化产业示范基地、星级乡村旅游区（点）、乡村旅游精品民宿聚集区、乡村旅游精品营地、乡村旅游精品村、乡村旅游精品廊道、非遗工坊、非遗村镇、非遗街区等乡村文化和旅游品牌创建，培育了一大批"乡村文旅国字号"名片，形成了一批在全国叫得响的乡村文化和旅游品牌。在全国乡村旅游重点村、重点镇（乡）评选中，湖南先后有4批次48个乡村、2批次6个镇（乡）入选。在全国首批文化产业赋能乡村振兴试点名单中，湖南有3地入选。全国旅游演艺精品名录首批40家中，湖南3个项目入选。湖南成为全国五个非遗助力乡村振兴试点省份之一。湘潭生庐洋潭里民宿、张家界远方的家、凤凰雪晴集人文半山民宿、怀化市徽州会馆·曾府酒店、常德市鼎城区花溪湾轻奢民宿、怀化市沅陵县芸庐民宿等6家民宿入选全国甲级旅游民宿，资兴市那一年精品主题客栈、凤凰县沱江镇倾城轻奢民宿入选全国乙级旅游民宿，数量位居全国前列。2019年湘西州矮寨·十八洞·德夯大峡谷景区，2024年凤凰古城旅游区成功创建国家AAAAA级景区。2022年，"中国传统制茶技艺及其相关习俗"成功列入联合国教科文组织人类非物质文化遗产代表作名录，湖南千两茶制作技艺、茯砖茶制作技艺、君山银针茶制作技艺3项国家级非遗纳入其中一并入选，湖南入选数量晋级全国第一方阵。2020年常德柳叶湖旅游度假区、2023年岳阳洞庭湖旅游度假区、2024年长沙铜官窑文化旅游度假区入选国家级旅游度假区，湖南入选数量位列全国前列。为鼓励各地积极打造品牌、创建品牌，湖南各地实施了积极的支持奖励政策。常德市出台《常德市促进旅游业发展奖励办法》对旅游品牌创建实施实行奖励，对新评定全国、湖南省乡村旅游重点村（镇）的，分别给予一次性奖励5万元、3万元；对新评定为五星级乡村旅游区（点）的，给予一次性奖励3万元；长沙出台《长沙市推动文化旅游产业高质量发展扶持奖励办法》，对国家级和省级乡村旅游重点村（镇）、国家级和省级乡村旅游民宿、省级乡村旅游区（点）等乡村旅游品牌类型给予5万—30万奖励扶持资金。

八、着力宣传造势，扩大文化和旅游赋能乡村振兴"湖南影响"

（一）在品牌形象塑造上发力

一是推出"三湘四水　相约湘村"乡村旅游品牌。继2022年11月，湖南发布"三湘四水　相约湖南"湖南旅游形象宣传口号和湖南旅游形象标志以来，着眼于服务、支撑湖南旅游主题形象品牌，打造以"三湘四水　相约湖南"为龙头的湖南旅游形象品牌体系，湖南推出"三湘四水　相约湘村"乡村旅游品牌，并以此统领湖南乡村旅游形象和品牌宣传工作。二是组织开展"湘村相见"湖南乡村文旅系列活动。为打造具有湖南特色的乡村旅游品牌，丰富湖南"三湘四水　相约湘村"湖南乡村旅游形象品牌内涵，由省文旅厅指导，省乡村文旅促进会联合邵阳市文旅广体局、怀化市人民政府等先后组织开展了湖南乡村文旅典型案例分享、湖南省乡村文旅现场考察交流、"城乡融合　双向奔赴"农文旅主题讲座等多个活动。三是整合资源对湖南文化和旅游赋能乡村振兴情况进行宣传营销。湖南省组织拍摄"芙蓉花开　湘见中国——看湖南文旅赋能乡村振兴"宣传片，湘西土家族苗族自治州拍摄了文旅赋能乡村振兴宣传片《春光·正好》，起到较好的宣传效果。

（二）在产品宣传营销上发力

湖南积极组织开展各种宣传推广活动，有针对性地开展湖南乡村旅游营销，推介湖南乡村旅游资源、线路与产品，扩大湖南乡村旅游的知名度、美誉度和影响力。积极开展文旅推介、交流活动，吸引越来越多的国际游客来到湖南，游览湖南乡村。走出去，到省外、国外开展宣传推介。2023年，在"湖南—粤港澳大湾区投资贸易洽谈周暨湖南文旅推广活动"中，各地组织开展文旅资源推介、文旅商品展示、旅行商业务对接等工作，积极开展主题宣传。2024年，湖南以"三湘四水　相约湖南"为主题，组织开展湖南文化旅游走进韩国推广活动，通过宣传片、非遗展演、文创产品展示等丰富多彩的形式进行湖南旅游宣传。2024年，张家界在澳大利亚举办"仙境张家界"文化和旅游推介会，组织专人分赴美、日、韩等17个国家和地区开展营销推广。请进来，让更多人发现湖南乡村之美。2022年，驻华外交官"发现中国之旅"活动走进湖南，15位驻华外交官到湘西、张家界等地乡村考察参观游览。2024年5月，张家界邀请来自英国、新西兰、澳大利亚等国的入境旅行商参加推介会，进行考察踩线，提高境外市场宣传推广力度。

（三）在营销宣传手段上发力

通过将线下丰富资源与线上广阔平台有机融合，构建了一个全方位、立体化的宣传营销网络。充分利用了遍布全省的各类实体宣传资源，如机场、地铁、高铁站这些人流密集、影响力广泛的交通枢纽以及户外大屏，精心策划并投放了一系列吸引眼球的乡村文化旅游宣传内容。这些宣传素材不仅展示了湖南乡村的旖旎风光、独特文化和民俗风情，还巧妙融入了当地旅游产品的信息，有效激发了游客对湖南乡村旅游的浓厚兴趣。积极利用抖音、小红书、微博、新闻客户端等新媒体平台开展宣传营销，将乡村的美丽风光、深度体验、美食特产等生动呈现给广大网友，极大地提升了湖南乡村旅游的知名度和美誉度。为了进一步放大宣传效应，湖南还主动与湖南卫视等具有强大影响力和号召力的主流媒体合作，共同制作了一系列关于湖南文化和旅游的专题节目。这些节目不仅深入挖掘了湖南乡村的文化内涵和旅游资源，还通过精美的画面、生动的讲述和互动的环节，让观众仿佛身临其境般感受到了湖南乡村的独特魅力。这些节目的播出，不仅提升了湖南乡村旅游的品牌形象，还极大地拉动了乡村文化和旅游消费。此外，湖南还积极拓展国际市场，通过境外电视、国际旅游会展、海外社交媒体平台等多种渠道广泛开展旅游推介。湖南精心策划了一系列针对国际游客的宣传材料和活动，展示了湖南乡村的国际化魅力和多元文化特色。这些努力不仅提升了湖南乡村旅游在国际上的知名度和影响力，还吸引了大量外国游客前来体验和感受湖南乡村的独特风情。

第七章　湖南文化和旅游赋能
乡村振兴存在的主要问题

一、统筹协调力度须进一步加大

（一）支持配套政策须进一步完善

湖南出台的《湖南省乡村振兴促进条例》《关于进一步推动文化和旅游赋能乡村振兴的若干措施》《湖南省乡村旅游发展专项规划（2022—2030年）》《湖南省乡村旅游高质量发展三年行动计划（2023—2025年）》等一系列政策，为湖南乡村文化和旅游发展提供政策保障。但在政策有效落地环节，存在支持乡村文化和旅游发展的细化政策和措施不足的问题。目前，除湘西土家族苗族自治州外，其他地区都没有出台支持乡村文化和旅游发展的"一揽子政策"。针对乡村文旅发展中的融资、用地、安全、人才等"卡脖子"问题，各个部门的组合拳还不够。以乡村旅游用地政策为例，针对乡村旅游用地的特点，湖南鼓励各地以乡村旅游项目涉及的范围边界编制特殊单元详细规划，允许采用"约束指标＋分区准入"的方式，按照"用多少、批多少"的原则，实行"点状"供地，并且设立湖南省旅游项目用地保障专班等，共同解决旅游重点项目用地要素保障中的难点、堵点问题。省自然资源厅、省文旅厅开展了《湖南省文化旅游用地国土空间专项规划》编制工作，但相关的用地政策如何完善、铺开及有效实施仍是阻碍乡村文旅项目落地建设的重要因素。

（二）部门协调联动须进一步加强

湖南省文化和旅游厅作为文化和旅游工作的主管部门，从文化和旅游领域方面优化了顶层设计，以强有力的举措推进乡村振兴工作。其他部门从自身职能职责出发，也制定了一系列政策和措施推进乡村振兴工作，并对分管领域的乡村文化和旅游相关工作进行部署与安排。但实践中，文化和旅游助力乡村全面振兴，涉及旅游、农业农村、发改、财政、土地、林业等多个部门，各部门多从自身管理职能出发对乡村文化和旅游发展进行管控，缺乏对乡村旅游的统一谋划布局，导致出现乡村旅游多头管理、各自为政的情况，影响乡村旅游的良性发展。

（三）规划引领作用须进一步发挥

湖南编制实施了《湖南省乡村旅游发展专项规划（2022—2030年）》，地市级层面仅长沙编制了《长沙市乡村旅游发展规划（2022—2035年）》，其他地区在农业农村等发展规划中有所涉及，个别县市区、部分村镇做了乡村旅游规划。2020年以来，湖南省统一安排推进

"多规合一"村庄规划编制工作。按照应编尽编的原则,"多规合一"实用性村庄规划编制稳步推进,但村庄规划质量仍然有待提升。现有的乡村旅游规划存在与国土空间规划不相衔接,对乡村旅游产业的发展方向、发展目标、发展路径、政策措施等不明确不清晰,对市场把握较为滞后,对本地资源优势把握不够精准等问题,导致发展规划较为滞后、规划水平参差不齐、规划方案同质化严重、规划作用发挥不明显。由于缺乏规划和指导,乡村旅游发展处于比较松散的状态,乡村旅游同质化现象较为普遍,存在千村一面的情况。一些展现地方特色的旅游文创产品、工艺品、旅游演艺节目大同小异,本土乡村特有的原真性元素正在边缘化。在利益驱动下,乡村旅游经营主体更多关注经济收益,将对文化的保护、村民的获得感等置于次要甚至是不重要的位置,文化冲突、村民和经营主体的冲突时有发生,市场处于一种不稳定的状态。从乡村旅游的经营主体来看,由于缺乏引导和规划,乡村旅游发展遍地开花,出现拉客、低质量的价格战等非正常市场竞争现象,乡村旅游景点的管理水平、服务水平、景点旅游品质难以保证,严重影响了湖南旅游形象,造成负面效应。以近年来湘西、湘南地区推进的乡村旅游产业为例,一些企业在没有科学规划、总体规划的前提下就开始开发乡村旅游景点,内容基本以花海、采摘大棚、稻田画、农家乐、钓鱼为主,观光、体验停留在初级层面,不能体现一个地方的特色农业和文化,没有挖掘独特的文化内涵,也难以对消费者产生长期吸引力。[1]

---

① 陈文胜,向玉乔.乡村振兴蓝皮书:湖南乡村振兴报告(2023)[M].北京:社会科学文献出版社,2023.

二、产业发展水平须进一步提升

(一)乡村旅游发展水平质量不高

乡村旅游作为一种综合带动作用强、产业关联度高、富民惠民效果好的优势产业对于推动乡村发展具有重要意义。在脱贫攻坚阶段,旅游扶贫发挥了重要作用,是脱贫攻坚的重要抓手。在全面建成小康社会、实现第一个百年奋斗目标之后,开启了全面建设社会主义国家的新征程。新征程要求要把握农业农村发展的阶段性特征,正确回答好新阶段给农业农村发展和乡村振兴提出的一系列新课题。当前,既要巩固脱贫攻坚成果,实现脱贫攻坚与乡村振兴有效衔接,又要推进乡村全面振兴,扎实推进共同富裕。新发展阶段,对乡村旅游发展提出了更高要求。对照当前阶段的发展要求,一方面湖南乡村旅游成绩可喜,来势可期;另一方面,在湖南乡村旅游由数量增长型向质量效益型转变过程中,发展质量与效益距乡村振兴要求有不小差距。主要表现是:

一是乡村旅游市场主体规模偏小。乡村旅游企业数量众多,但旅游企业数量、规模、经营呈现"小、散、弱"的状态,龙头企业少,市场竞争力不强,难以形成品牌影响力和规模效应。强劲的旅游市场需求催生了一大批从事乡村旅游的经营者,其中家庭作坊式的经营主体不在少数,部分经营主体管理粗放、经营能力不强、发展格局不大、目光短视、创新开拓能力不强,无论规模还是层次都处于较低水平。小规模乡村旅游主体的增加,虽然能扩大乡村旅游总量,但也不可避免地带来乡村旅游的过密化发展以及无序竞争和资源内耗，从而降低经济效率，导致乡村旅游内卷化。①部分经营主体缺乏企业发展的长远规划，对于经营管理过程中的资源配置问题、服务质量问题等关心关注不够，乡村旅游开发表现出量的大量重复及质的大量雷同，行业发展水平和层次难以提升，损害了游客的利益，影响了湖南乡村旅游业的整体形象与可持续发展。

二是乡村旅游规模总量与消费能力不平衡。湖南乡村旅游人次不断增加，乡村旅游发展迅速，但整体消费水平不高，"旺丁不旺财"，乡村旅游效益不高。以长沙为例，2023年1—9月长沙市全市乡村旅游接待总人次4800万，实现乡村旅游收入364亿元，同比分别增长14.97%、13.68%，人均消费不足759元。2023年1月至5月，张家界武陵源景区接待游客233.75万人次，同比增长783.6%，但除去门票、交通、住宿外，人均消费仅800元左右。2021年，湘西土家族苗族自治州接待游客5905.6万人次，实现旅游收入528.1亿元，人均消费894元。上述数据说明，湖南乡村旅游人均消费偏低的情况普遍存在，游客停留时间短，经济效益不够理想，乡村旅游景点将"流量"变为"留量"方面办法还不多。究其原因，与湖南乡村旅游产品供给不够丰富、品质不够优质、接待基础设施条件不够完善等不无关系。

三是乡村旅游集群化发展水平较低。湖南乡村旅游资源丰富，乡村旅游景区众多，但不同程度存在资源分割、市场碎片等情况。目

---

① 邓小海，肖洪磊.从脱贫攻坚到乡村振兴：乡村旅游转向研究——以贵州省为例[J].湖北民族大学学报（哲学社会科学版），2020，38（05）：42-49.

前，乡村旅游经营管理没有突破行政区域的限制，县市各自为政、乡村旅游景区自成一体的格局没有打破，乡村旅游整片开发、跨区域共同发展的格局尚未形成。由于资源分割，导致景区重复建设和旅游产品同质化现象严重，乡村旅游景点难以形成集聚效应，难以打造系统化的发展主题与品牌，影响了湖南乡村旅游的市场竞争力。以凤凰为例，率先在全省探索"整体收购、整体迁建、整体保护、整体利用"模式，对老洞、竹山、老家寨等传统村落、特色村寨实行易地搬迁。[①]依托县内旅投公司等企业进行乡村旅游开发，取得了良好的效果。特别是凤凰旅投公司开发的竹山景区快速发展，成为"全国乡村旅游重点村""湖南省乡村振兴示范村"。就凤凰一域而言，竹山取得的成绩可喜可贺，值得推广借鉴。但放大到整个湘西，甚至是整个湖南来看，如何实现跨县、跨地区的乡村旅游资源整合，打造有规模、有集群的资源全域整合、市场全域管理、营销全域统筹的湖南大乡村旅游市场值得思考。

四是乡村旅游产业链条短。乡村旅游产业融合度不高，乡村旅游多以观光为主，附加值低，资源优势未充分转化为产业优势和经济优势。乡村旅游主要满足游客游览、餐饮、住宿需要，"吃、住、行、游、购、娱"要素没有充分体现。参观游览项目体验性、互动性不强，住宿、餐饮档次、品质不够高，旅游商品缺乏当地特色、产品不够丰富，乡村娱乐内容和体验不够多元，夜食、夜演、夜景等夜经济发展不够，"旅游+"项目开发不够，高端产业链不够健全。由于产业链条相对较

---

① 李寒露.凤凰县让沉睡村寨活起来.[EB/OL].（2022-01-12）[2024-08-05].http：//www.moa.gov.cn/xw/qg/202201/t20220112_6386784.htm

短，难以满足不同层次游客需要，游客逗留时间短，因此直接影响旅游收入的提高。

五是乡村旅游新业态培育不够。随着旅游产业的多元化发展和转型升级，以及旅游市场需求的体验性不断增强，在传统旅游业态的基础上产生了许多新兴的复合型旅游业态。①传统的农家乐式的乡村旅游形态已经不能满足旅游者的需要，乡村旅游业态需要转型升级。当前，湖南乡村旅游大力推动与文化、农业、工业等整合发展，积极发展"旅游+康养""旅游+研学""旅游+体育"等新业态，但是乡村旅游新业态产品类型还不够丰富，已有业态精品化程度不够高，还未形成乡村旅游新业态"叫好又叫座"的有影响力的品牌。

（二）乡村文化产业发展相对滞后

当前，随着农村物质生活条件的大幅改善，农民精神文化需求不断提高。为丰富农村群众的精神文化生活，乡村公共文化服务设施不断完善，文化惠民、文化乐民平台不断搭建，送文化进乡村活动广泛开展，农村文化建设不断加强。但由于乡村文化产业起步晚、起点低、基础差、底子薄等原因，相较于乡村旅游，乡村文化产业在发展水平、发展规模上相对落后，产业化发展水平较低，城乡文化产业发展不均衡，乡村文化产业发展存在一定困难。

一是乡村文化产业总体规模偏小。尽管湖南文化产业发展处于全国前列，但从整体情况来看，湖南文化产业发展存在着严重的不平衡，

---

① 李定可.乡村旅游新业态研究——以洛阳市栾川县为例 [J].洛阳理工学院学报（社会科学版），2018（2）.

具体表现在两方面：湖南地区间文化产业发展不平衡，湖南城市文化产业和湖南农村文化产业发展不平衡。[①]湖南文化产业主要集中在以省会长沙为绝对中心的城市群，县城、乡村和广大农村地区文化产业发展缓慢。目前，湖南民间文艺团体数量和规模逐渐增大，一部分文化产品产业不断发展壮大，乡村公共文化产品供给呈现多元化、产业化发展趋势，乡村文化产业规模逐步扩大，但乡村文化产业经营主体数量较少，总体规模仍然偏小。

二是乡村文化领军企业不多。目前湖南农村的文化产业经营主体大多是私人经营，无论是从其能力素质、还是理念思路上都有较强的局限性，一定程度限制了文化企业的发展。乡村的文化产业以中小型企业甚至是一些小作坊为主，规上文化企业数量少，存在企业规模小、领军企业少、市场份额低、带动能力弱等问题。以湘西州为例，2023年，全州规上文化企业共有38家，其中大型企业1家、中型企业6家，小微型企业31家，占比81.6%。生根于乡村的文化领军企业不多，其中很多文化产业点作为一些大型的文化企业的基地或驻点来进行布局，自身的产业发展能力、文化产品研发能力都严重受限，整体实力较弱，市场抗风险能力也较差，产业集聚化、规模化、专业化效应不够明显。

三是乡村文化资源市场转化能力不足。湖南乡村文化资源丰富，但很多文化品牌没有物态化、业态化和活态化，文化资源的市场化程度不够高。主要表现为产品系列不够丰富，产品来源较为单一，文化

---

① 李成家.湖南农村文化产业发展现状及策略研究[D].长沙：湖南大学，2008.

产品的科技含量不高，富有深度和新意的文化产品较为缺乏，体验式、参与式、沉浸式的文创产品生产低档滞后，尚未形成有较大影响力、有一定产业规模和有一定的品牌号召力的文化产品，文创产品打造不精。

四是乡村文化产业人才队伍素质不优。文化产业不具备明显的短平快特征，进入门槛相对较高，对经营主体和从业人员的能力、素质都有更高的要求。但湖南文化人才尤其是高端人才主要集中在长沙等文化产业较为发达的地区，乡村文化经营者和从业人员数量不足，文化素质和综合素质有待提升。特别是根据《关于推动文化产业赋能乡村振兴的意见》，文化赋能乡村振兴所需要的创意设计、演出、音乐、美术、手工艺、数字文化、文旅融合等八个重点领域的人才还较为缺乏，乡村文化产业人才不足的问题已经成为制约湖南乡村文化产业发展的瓶颈。

（三）乡村特色文化内涵挖掘不足

挖掘乡村历史文化内涵，开发具有竞争力、吸引力的乡村文化和旅游产品是乡村文化和旅游的发展趋势。湖南乡村凭其厚实的历史文化积淀、奇秀古朴的自然风光以及独特的民风民俗，在激烈的旅游市场竞争中争得一席之地并有所作为，是完全有可能的。但在经营管理过程中，很多管理者受限于能力和水平，对乡村文化和旅游行业规律认知水平低，对当地文化内涵挖掘不足、利用不够，盲目学习外地的开发经验，打造出的产品深度不够，文化产品表象化，旅游产品浅层次化，未能开发出体验式、参与式、沉浸式的文化和旅游产品，导致业态老旧单一。

　　一是乡村文化和旅游产品同质化严重。乡村文化和旅游产品内涵不丰富，存在简单、低质、雷同等较低水平等现象。当前乡村旅游已经进入乡村旅居时代，而有的乡村旅游还停留在低层次的旅游观光、绿色采摘、餐饮娱乐等发展阶段，乡村旅游点的活动内容、艺术表演给人千篇一律的感觉。这种"扬短避长"的做法，实际上就是对地方特色文化内涵挖掘不足的表现。诸多游客到此一游后大呼上当，愤愤说："不到××想死人，到了××气死人，再来××不是人。"个别有些经营头脑的乡村旅游经营者虽立志开发或着手开发具有地区特色的旅游产品，但开发只触及皮毛，缺乏规划性、系统性、互补性，缺乏深度和广度。以当前各地根据农事活动安排打造的油菜花节、梨花节等为例，节庆活动对促进乡村农产品销售、吸引游客起到了较好的带动作用，但这些活动以吃、看、游、购等内容为主，在文化元素的挖掘上用心用情用力不多，难以形成品牌化的文化和旅游产品。由于文化内涵挖掘不足带来的产品开发缺乏深度和广度是乡村旅游存在的共性问题，这类问题不解决，游览吸引力大打折扣。长此以往，真的会出现"再来××不是人"的后果。

　　二是有历史底蕴和文化内涵的高品质文化产品不多。"白天看景、晚上看剧"已成为文旅消费新风尚。一场高水准的旅游演艺，不仅可以帮助游客快速了解和体验当地文化，也会成为景区和旅游目的地的爆款IP，为景区和旅游目的地带来源源不断的经济效益，甚至成为一地靓丽的文旅名片。[①]湖南充分认识到文化产品打造的重要性，立足乡村

①　李志雄，雍艳香，骆万丽，等．"演"火旅游"艺"彩纷呈[N].广西日报，2023-12-29（020）．

打造了一系列令人难忘的乡村文化旅游演艺品牌，如《魅力湘西》《桃花源记》《花开芙蓉·毕兹卡的狂欢》等。但各地乡村还自导自演了不少的节目和作品，这些作品有的粗制滥造、水平较低，甚至对乡村民族文化、民俗文化、农耕文化的解读与呈现不够准确，不仅没有起到良好的宣传推广作用，还有可能使游客产生不必要的误解。从文创产品来看，各地乡村旅游点能够看到或者购买的产品基本大同小异，富有创意、内涵、地方特色的优质文创产品不多。一些有代表性的文化资源和文化标签没有被活化，资源优势未转化为产业优势，也未转化成文创衍生品。

三是一些地方特色文化元素缺乏载体，市场生命力不旺。在一些乡村，特色山歌、农事习俗等随着社会进步和人们生活的改变，具有浓重乡土特色的乡村文化资源与元素由于存续文化元素的载体的消失，正面临失传的危险。对一些文化元素的传承保护和开发利用，很多停留在研究层面与数字保护层面，未有较好的活态传承的载体，与之相对应的文旅融合项目也数量不多、效果不甚明显。针对遍布三湘大地广大农村的这些地方特色文化元素，如何进行挖掘、保护、传承、开发、利用，如何选好传承载体，讲好文化故事，打造特色村镇，激活市场需求值得探讨。

（四）产业融合程度不高，协调不够

一是产业融合不紧密。文化和旅游赋能乡村振兴，就是要通过文化赋能、旅游带动作用，促进乡村一、二、三产业的融合发展。湖南积极挖掘生态资源、农业资源、文化资源等优势，推进"农文旅融合"等三产多元融合思路。但融合不深不紧的问题客观存在，农业、文化、旅游产业之间缺乏有效衔接和协同。不同产业之间的经营主体往往单打独斗，产业的衔接与转化比较被动。有的农业生产型农民只专注于农业生产，对于生产出来的农产品如何销售、如何深加工关注不多，对于通过发展乡村文化和旅游促进农产品销量提升等意识不强，缺乏产业融合发展意识。重旅轻文、重文轻旅即文旅"两张皮"现象不同程度存在，一、二、三产业融合发展程度不高。

二是产业融合链条短。目前，湖南乡村在"吃、住、行、游、购、娱"全产业链条的构建与发展方面还存在开发不足、联动不强的问题。乡村旅游景点的互联互通、旅游公路的建设、户外运动装备等制造业有待加快发展。乡村餐饮服务水平，菜品供给品质，住宿产品尤其是高端住宿产品、品牌住宿产品供给仍有不足。乡村土特产品、手工艺品、文创产品向旅游商品的转化不足，农文旅商融合发展需要提档升级。在文化旅游娱乐和消费产品建设方面，高规格、高聚焦、大流量的现代旅游服务集群还没有建成。

三是融合业态新产品开发不足。随着乡村一、二、三产业进一步融合发展，必将进一步延伸产业链条，催生新业态，促进新的经济增长点。在贵州乡村，"村超"带火当地文旅产业，体育赛事中融入"招龙"仪式、芦笙吹奏、苗族盛装巡游等丰富的地域文化元素，让观众在欣赏精彩体育比赛的同时，也能感受到浓厚的地域文化氛围。①他山之石，可以攻玉。其他省市乡村文化和旅游发展的成功案例提示我们，消费

---

① 王绍绍.文旅市场"热"力足激发消费市场新活力[EB/OL].（2024-07-20）[2024-08-05].http：//finance.people.com.cn/n1/2024/0720/c1004-40281639.html

场景是可以打造与拓展的，要不断根据消费市场需要和新业态的发展要求开发出具有市场吸引力的融合业态产品。目前，休闲度假、体验性旅游产品较少，自驾车营地、房车露营、游艇、通用航空、低空飞行、夜经济、避暑经济、生态旅游、森林康养、休闲露营等新业态旅游存在产品欠缺或开发不足的情况。以休闲露营为例，湖南许多乡村都开发了相关的乡村旅游产品。但是在营地布局设置、营地的配套设施建设、营地的安全环保管理等方面还配套不足。此外，新业态产品开发中，各地存在"没有条件强行创造条件也要上"的情况，亟须因地制宜进行合理引导与布局。

（五）存在利益相关者的矛盾冲突

乡村旅游开发涉及当地政府、社区集体组织和居民、旅游企业、旅游者等各利益相关方的利益，不同利益群体有着不同的利益诉求，在乡村旅游开发过程中，不可避免地存在各群体之间的利益冲突和矛盾[1]。当前，多元利益主体参与的乡村旅游发展利益协调日趋复杂化，这些问题的出现如果不加以重视和正确处理，则可能对湖南乡村旅游发展带来负面效应。同时，全域旅游意味着对区域内旅游资源的统一规划和部署，冲突和矛盾可能不仅仅出现在乡村旅游资源单体内部，也有可能出现在区域内不同乡村旅游资源利益相关者之间，导致出现区域利益冲突，影响湖南乡村旅游的健康发展。如在乡村旅游开发过程中，旅游资源分布的不均衡带来了旅游开发空间分布的不均衡，村

---

[1] 汪星星，陈丽丹 . 基于利益相关者理论的国内乡村旅游研究综述 [J]. 旅游纵览，2018（1）.

民能力素质的不均衡带来了村民乡村旅游参与度的不均衡，区位条件和参与能力不具备比较优势的乡村居民从乡村旅游发展中获益不多，但却可能要承受物价上涨等带来的负面影响等，这些都有可能带来乡村旅游发展中利益相关者的矛盾与冲突，需要有效应对与处理。

三、文化和旅游基础设施欠完善

（一）乡村旅游基础设施条件不够健全

旅游基础设施是制约农村旅游发展的瓶颈之一。设施落后与客源数量息息相关：可进入性差使旅游者望而生畏，接待条件不尽如人意，无法使客人产生停留的强烈愿望，缩减了原本可能获得的进一步经济收益。此外，基础设施落后要求投入更多的资金用于改善条件，资金的获得又往往仰赖于客源，因而容易形成条件差导致客源少，客源少导致条件改善资金不足，进而条件无法提高、客人更少的不良循环。近年来，乡村交通条件、通信条件、卫生条件、住宿条件等方面得到极大改善，但相较于旅游者对高品质旅游的需要，基础设施有待进一步提质升级。

一是交通设施不够便利，旅游可进入性受限。目前，乡村旅游"进得来、散得开、出得去"的效果尚未达成。农村公路特别是通往乡村景点的公路存在等级较低、路面狭窄等问题。在旅游旺季，一些乡道村道车速受限、会车困难，增加了不安全因素。同时，乡村旅游点与点之间、片与片之间的畅通对接通道未完全打通，旅游景观交通规划有待进一步加强。

二是住宿条件有待加强，高品质民宿供给不足。截至2024年5月，湖南共有6家国家甲级旅游民宿、3家国家乙级旅游民宿，省内评定五星级、四星级旅游民宿共2批85家，以梓山漫居、五号山谷、凤凰竹山乡居、协合乡民宿集群、浏阳民宿集群等为代表的乡村民宿逐步走向专业化、品牌化运营。①但乡村旅游民宿爆满、一房难求的新闻时见报端。其中，既有量的问题也有质的问题。一方面，乡村住宿的供给总量不足，无法满足游客玩在乡村、住在乡村的需求；另一方面，很多乡村民宿或是老百姓的房子改建或是老百姓新建，住宿软硬件条件有一定不足。对于对民宿的审美、文化、设计等方面都有较高要求的高端客人来说，现有民宿未能较好满足需求。

三是旅游公共服务设施不优，影响游客体验。一些乡村旅游点还存在旅游咨询服务站点、游客服务中心、旅游标识标牌、旅游厕所、垃圾桶、交通标识建设标准不高、数量不足，乡村景区停车场布局不够合理，车位有限，旅游惠民便民设施建设改造不足等问题，影响"快旅慢游"旅游立体交通网、"便捷乐享"旅游服务设施网的打造，影响乡村旅游服务效能和保障能力。

（二）乡村文化公共服务功能不够健全

加强基层文化建设，推动优质公共文化资源向农村地区倾斜，提升农村公共文化服务效能，是加快推进城乡公共文化服务体系一体化建设的关键举措，也是实现乡村文化振兴、激发乡村振兴内在动力的必

---

① 张玲."湘"村民宿打造"向往的生活"[N].中国文化报，2024-05-30（001）.

要条件。① 近年来，湖南省通过开展现代公共文化服务体系建设三年行动，不断完善乡村公共文化设施建设，实现新时代基层文明实践中心和基层综合文化服务站（中心）全面覆盖，公共服务设施不断完善。但也存在公共服务设施利用率低、服务效能发挥不够充分等问题。

一是设施使用低效化。一些乡村文化服务站（中心）使用率不高，农家书屋书籍杂志更新不及时，读者有限，文化与体育设施、器材利用率不高，部分处于闲置荒废状态，甚至由于管理不到位存在安全隐患。部分乡村的文化活动室形同虚设，难以开展正常的文化活动。文化和旅游公共服务设施功能没有有效融合，公共文化场所旅游吸引力不强。

二是服务功能有限。当前，湖南乡村文化公共服务设施在标准化建设方面虽然取得可喜的成绩，但乡村文化公共服务与群众文化需求仍有差距。一是供需不匹配。现有的乡村文化公共服务往往侧重于基础设施建设，如文化广场、图书室、文化活动室等硬件设施的完善，但在文化产品和服务的提供上却显得较为单一和同质化，难以满足不同年龄、不同兴趣爱好的农村群众的个性化需求。二是内容创新性不足。乡村文化活动的内容往往局限于传统戏曲、歌舞表演等，虽然这些活动能够传承和弘扬地方文化，但缺乏与现代生活接轨的创新元素，难以吸引年轻群体的参与，导致文化活动参与度不高，活力不足。三是农民主体地位未充分发挥。在乡村文化公共服务中，农民往往被视为服务的接受者而非参与者或创造者。这种定位忽视了农民在乡村文化

---

① 尚子娟，陈怀平.农村公共文化服务与乡村振兴双向赋能的价值逻辑和推进路径[J].中州学刊，2022，（11）：81-89.

中的主体地位，限制了农民文化自觉和文化自信的培养，以及他们在文化创新中的潜力，在如何为农村群众提供更多更好的文化产品和服务，丰富农村公共文化活动载体和内容，唤醒农民的文化自觉和文化自信，发挥农民在乡村文化中的主体地位等方面还有待加强。

（三）乡村文旅信息化智慧化程度不高

目前，部分乡村的旅游信息化建设没有及时跟进，湖南乡村旅游信息化程度还比较低，游客旅游信息获取渠道不畅，乡村旅游经营主体运用现代化信息手段进行营销、推广的意识不强。一些乡村旅游点在智慧旅游服务等方面还未起步或者是处于比较原始的阶段，景区旅游服务、旅游管理、旅游营销、旅游运营的智能化模式还未形成。从国内部分乡村旅游发展的成功实践来看，能否开启乡村旅游的智慧模式已经成为乡村旅游发展的关键环节，成为乡村旅游转型升级、可持续发展的动能所在。一些乡村旅游点在智慧化方面进行了探索与尝试。例如，沙洲红色文旅产业园等乡村旅游点大力推进智慧5G建设，运用现代化科技手段沉浸式再现革命岁月的感人故事；湖南省AAA级（含）以上旅游景区将全面入驻湖南智慧文旅系统，启用湖南"一码游"服务平台。但湖南乡村文化和旅游发展信息化、数字化步伐仍然有待加快。

四、文化遗产活化须进一步加强

乡村文化遗产是人类与原生态自然环境和传统农业社会长期共同作用的产物，具有明显的世代延续特征和鲜明的地域特色，在形态上包括农业生产遗产、乡土聚落遗产和非物质文化遗产等，在内涵上承载着独特的乡土文化记忆。①乡村如果失去文化遗产的滋养，就失去了故事，失去了特色，失去了根脉，失去了灵魂，失去了吸引力和文化自信，评价乡村公共文化发展水平和质量的标准就会完全单一化、城市化。②乡村文化遗产是乡村公共文化的宝贵资源，是乡村振兴的宝贵财富，在传承优秀文化，推动乡村文明等方面发挥着至关重要的作用。

乡村文化遗产不是静止的文化，而是动态的文明，其所特有的原真性、活态性、民俗性、本土性、整体性、人本性等特征，决定了对乡村文化遗产进行保护和传承，不应脱离乡村文化遗产的原生土壤，而旅游者希望欣赏和感受到的恰恰也是原汁原味的地方文化。村落民俗的旅游原生态传承方式符合乡村文化遗产发展的需要，也反映了旅游者的真实诉求。乡村文化遗产的传承、保护与活化利用，就是倡导村落民俗的原生态旅游传承与开发方式。通过这样一种方式，使当地居民尤其是年轻一辈能够从文化和旅游发展中获取实实在在的经济利益，增强年轻一辈学习、传承地方文化的动力。具体而言，就是要保护孕育乡村文化遗产的本土环境。在原生地举办节庆活动、文化艺术展演等吸引旅游者，推动文化遗产的创造性转化和创新性发展，让文化遗产长久地传承下去，并保持乡村文化遗产经久不衰的旅游吸引力。

---

① 樊友猛，谢彦君.记忆、展示与凝视：乡村文化遗产保护与旅游发展协同研究 [J].旅游科学，2015，29（01）.

② 贺云翱.乡村振兴要高度重视文化遗产的保护利用 [EB/OL].（2019-11-04）[2024-08-05].https://www.rmzxb.com.cn/c/2019-11-04/2457432.shtml.

（一）传统村落保护和活化利用有待加强

传统村落是我国宝贵的文化遗产，是"乡村历史文化的活化石"。加强传统村落的保护与利用，对于激活传统村落的内在价值，传承中华优秀传统文化和历史记忆，推动乡村振兴有着十分重要的意义。近年来，湖南省积极做好传统村落保护与利用工作，加大传统村落的调查摸底和文化价值挖掘，不断完善传统村落的保护规划体系，不断健全传统村落保护的相关政策，传统村落保护工作取得显著成绩。但随着新农村建设、乡村旅游发展的不断推进，加之传统村落大多数年代久远，且地位较为偏僻落后，除了少数历史文化名村得到较好保护外，一些传统村落文化资源被破坏，传统村落面临着消失的危险。

一是没有正确处理好传统村落保护、利用与发展的关系。一方面传统村落保护要求尽可能保持村落的原真性与完整性，保持传统村落的原始风貌。但工作中，存在保护工作主动性不强，"重申报，轻建设"的现象。另一方面，随着村民生活条件的改善，对生活方式和居住品质提出了更高的要求。一些村民由于缺乏保护意识，在改善居住条件、拆旧建新、弃旧建新过程中，破坏了传统风貌。其中，既有思想认识不足的问题，也有保护管理机制不够健全的问题。如何将满足村民现代生活需求、守住传统村落保护的底线和红线、完善村民主动保护传统村落的激励和补贴机制进行有效结合，加强全社会对传统村落稀缺性和不可再生性的高度重视，在全社会形成保护传统村落的浓厚氛围和良好环境是当前传统村落保护工作亟待解决的问题。

二是传统村落的活化利用规划不足。资源的合理开发是对传统文化遗产的最好保护。保护工作如果只谈建设，保护最终无法落地，难以取得实在效果，甚至可能最终走向只重建设、只重经济效益，忽视保护工作的"偏路"。但如果只就保护谈保护，保护工作难以激发村民保护的自主性、自觉性，无法实现保护工作的可持续性。当前在传统村落活化利用过程中，传统村落文化价值挖掘不足，文化资源没有得到合理利用。传统村落本身有丰富的文化内涵，但目前在如何讲好传统村落故事，进而通过文化、历史感染人、教育人，形成保护的强大合力，提升传统村落的吸引力，带来更大的经济效益和社会效益方面还有不足。此外，传统村落的活态传承、活化利用的方法还不够多。如何在挖掘资源的基础上，丰富传统村落的文化元素，完善传统村落建设项目，设计市场需要的产品，进行宣传推广，在保持乡村风貌的基础上，差异化打造传统村落品牌等方面有待加强。

（二）非物质文化遗产活化利用有待加强

进入21世纪以来，随着旅游业的兴起，非物质文化遗产得到了普遍关注和重视。湖南省出台《湖南省人民政府办公厅关于加强非物质文化遗产保护工作的意见》，湘西等地出台了《湘西土家族苗族自治州民族民间文化遗产保护条例》《湘西土家族苗族自治州民族民间文化遗产传承人保护管理暂行办法》等一系列政策法规，加强了非物质文化遗产保护和传承工作。湖南充分挖掘和传承乡村非遗文化，非物质文化遗产成为乡村旅游核心的旅游吸引物，对于促进湖南乡村旅游发展功不可没。乡村非物质文化遗产的宝贵性、重要性进一步被政府和社会各界所认识，非物质文化遗产在研究工作、保护工作和传承方面都取得了长足的发展。从非物质文化遗产的旅游效应出发，各级各部门对非物质文化遗产的内涵进行深入挖掘，创造性地开展了非物质文化遗产的旅游传承与开发。但在乡村非物质文化遗产旅游传承和开发过程中，存在着不正当的商品化、低俗化及破坏非物质文化遗产原生态环境等问题。

一是非物质文化遗产旅游传承和开发不正当的商品化。近年来，非物质文化遗产之所以越来越受到重视，除了与整个社会对文化资源尤其是不可再生的非物质文化遗产资源重要性的认识在不断提高外，还与非物质文化遗产所能带来的市场价值与经济利益不可分割，乡村地区更是如此。旅游发展给非物质文化遗产地居民实实在在带来了实惠和便利，促进了当地政府和居民有更强大的经济动力去推动非物质文化遗产的保护和传承工作。进行商业开发是一个重要的手段，许多非物质文化遗产的手工技艺完成了市场转化过程。土家织锦、蓝印花布、苗族刺绣、苗族银饰、剪纸等手工艺品彰显地方特色，是乡村劳动人民勤劳和智慧的结晶，成为深受人们喜爱的民间手工艺品。但是为了满足旅游者对传统手工艺品的需求，许多粗制滥造的手工艺品大量投入市场，以次充好，以假乱真，与传统的民间制作工艺相去甚远，在旅游者中产生了不好的反响。一些传统民间习俗和节庆活动被搬上舞台后，又进行了商业化的包装和改编，失去了本真。在某些地区，反映土家族祖先渔、猎、农耕等内容的仪式性舞蹈毛古斯，表演者穿着皮毛衣服或麻制服饰进行表演，对话语言使用汉语，这样的表演形式不仅歪曲了舞蹈的本质，而且丧失了毛古斯特有的民族精神和历史文化意义。

二是非物质文化遗产旅游传承和开发低俗化。为让旅游者能够更好更快了解非物质文化遗产，理解独具特色的地方文化，在对非物质文化遗产进行旅游传承和开发时，通常会对非物质文化遗产的内涵进行提炼，对其表现形式进行浓缩。但是个别开发者为迎合旅游者的低级趣味，不深入挖掘非物质文化遗产的丰富内涵，展示浓厚的地方文化，而是进行简单改造，甚至是生搬硬套，使非物质文化遗产旅游传承与开发趋向低俗化。列入国家第二批非物质文化遗产名录的湘西苗歌，题材内容丰富，包括农业劳作、婚丧嫁娶、傩巫鬼神等。其中的情歌有较固定的曲式和唱腔，曲调优美动听，直率地表达出青年男女对爱情生活的热烈追求，充分反映了苗族人民淳朴健康的审美观念。[①]但是一些地区开发者在进行旅游开发时把情歌的唱词简单化，给旅游者营造了情歌是低级趣味的打情骂俏的感受；还有部分开发者不加选择地将历史故事、佚人逸事、神话传说编入苗歌，使得苗歌中有益积极的成分变得无聊低级。

三是非物质文化遗产旅游传承与开发破坏非物质文化遗产的原生态环境。非物质文化遗产的传承和保护离不开旅游地特有的历史地理环境和文化背景，尤其是活态的非物质文化，如传统的民间习俗和节庆活动等都是在特定的时间、特定的地点来举办的，只有对这些原生态环境进行保护，才能延续民族记忆，原汁原味地展现传统文化。为了进行旅游开发，最大限度地接待旅游者，个别地区把非物质文化遗产地内的当地居民进行迁移，改变了遗产地内当地居民的生活风俗，非但没有吸引更多的旅游者，反而将活态的非物质文化遗产变成了一盘"死棋"，让旅游者无法在实地体验中感觉异域文化，使旅游开发脱离非物质文化遗产的文化内涵，成为无源之水、无本之木。

---

① 罗婉红.湘西苗族鼓舞的生存现状与开发对策研究[D].湘西土家族苗族自治州：吉首大学，2010.

四是乡村非物质文化遗产传承存在断代危机。湖南乡村非物质文化遗产虽然有较高的群众认同度，但是群众参与程度却并不高。一些非物质文化遗产如湘西苗族鼓舞中原生态的鼓种铜鼓舞、木鼓舞、踩鼓舞等已经濒临消失，加之一些深谙非物质文化遗产技艺的老艺人年事已高，虽然身怀绝技，但是在非物质文化遗产传承方面往往力不从心。此外，乡村现有的非物质文化遗产传承人群大多数以中老年为主，年轻人寥寥无几。许多年轻人认为非物质文化遗产是一种过时的技艺，不愿意学习，影响了非物质文化遗产的传承。非物质文化遗产的传承离不开广大人民群众，传承过程中出现的断代危机如果不加以重视，随着老一辈传承人渐渐老去，古老而富有内涵的非物质文化遗产就有可能出现人去技绝的情况，变成书本上、视频里的"非物质文化遗产"。

五、品牌塑造推广须进一步强化

面对激烈的市场竞争，品牌作为旅游者识别和选择产品的关键判断依据，被运用到旅游地营销与管理实践中，并成为获取旅游市场竞争优势的制胜武器。① 乡村打造文化和旅游品牌的目的就是要通过对当地资源、产品和服务进行整合与提炼，丰富消费者对乡村旅游目的地的认知，在旅游者心中传递一种"人无我有""人有我优""人优我特"的独特品牌印象。旅游目的地品牌化对目的地和旅游者产生积极影响，

---

① 胡其波，冯芷菁，王纯阳.品牌个性对旅游地品牌溢价的影响 [J].经济地理，2021，41（09）：232—239.

即旅游目的地品牌化不仅可以将竞争者区分，形成可持续的竞争优势，还能降低旅游者的搜寻成本，强化游客忠诚度。[①]通过塑造形象和实现差异化，有助于乡村旅游目的地在激烈的乡村旅游同质化竞争中占有一席之地。

（一）乡村文化和旅游品牌感知度不高

一是乡村文化和旅游品牌形象不鲜明，缺乏代表性的品牌标识。湖南有一大批风景优美、历史悠久、文化内涵丰富的文化和旅游名村，吸引了众多游客。但长期以来，湖南在乡村旅游发展中更关注乡村旅游基础设施的改善，对品牌建设的重要性认识不够，在乡村文化和旅游品牌形象塑造与IP打造等方面存在不足。品牌标识符作为乡村旅游目的地品牌建设的重要组成部分，主要包括品牌名称、标志和口号，通常采用简洁、有感染力的视觉符号以增强乡村品牌形象。[②]部分乡村在乡村旅游品牌打造、乡村旅游品牌形象设计等方面进行探索与尝试。2022年，张家界面向全球征集旅游形象宣传口号和歌曲。2023年，张家界市永定区乡村文化旅游节面向社会征集宣传口号、形象LOGO。2024年，中方县面向社会征集2024年湖南秋季乡村文旅节宣传口号。常德临澧县福船村、长沙陈家桥村、常德市柳叶湖旅游度假区等乡村旅游点尝试推出具有本土特色的乡村旅游品牌形象设计。但综合来看，

---

① 陈艳艳，叶紫青.文化传承视域下旅游目的地品牌塑造研究——打造"行走河南·读懂中国"旅游品牌的探索[J].价格理论与实践，2024，（01）：113—118+214.

② 庄欣怡.乡村旅游目的地品牌建设问题及提升对策研究[D].杭州：浙江农林大学，2024.

湖南目前乡村文化和旅游品牌形象不够鲜明。由于缺少对本地乡村旅游发展的深入思考与规划，欠缺对本地乡村内涵的深度挖掘与提炼，许多知名乡村有诸多标签但却未能打造出具有影响力的独具特色的乡村旅游品牌，未凝练出别具一格的宣传营销口号、文创IP产品、旅游LOGO等，不利于品牌形象的建设与维护。

二是乡村文化和旅游品牌影响力不足，知名度不够。各地乡村文化和旅游品牌定位还不够清晰，品牌标识体系不够完整，品牌推广不够有力，品牌形象的识别度还不够强。虽然从省级到地方广泛开展了各种各样的节会活动，致力于打造有影响力的乡村文化和旅游品牌，但由于资金、营运模式等方面的原因，这些活动虽然经常举办，也吸引了大量的游客，但是并未形成品牌效应、规模效应。2009年，张家界开始举办国际乡村音乐周，但只举办了3届。湖南（南山）六月六山歌节至今已举办25届，吉首鼓文化节至今已举办9届，这些节庆品牌坚持节会搭桥、文化搭台、经济唱戏，着力推动文化旅游融合发展，在旅游者心目中形成了较好口碑。但目前除了湖南四季乡村文化旅游节这一全省性的主题品牌节会有影响力与号召力较大外，其他的有代表性的乡村主题节会品牌还不多，湖南乡村旅游和旅游品牌的国内国际影响力有待提升。

（二）乡村文化和旅游宣传营销不深入

一是宣传内容品质不高。在"内容为王"的时代，信息的裂变传播首先来自高品质的信息内容。这就要求对旅游者的需要进行深度挖掘，然后依托乡村的文化和旅游资源去寻找二者之间的结合点，并以恰当的方式进行加工创造，让受众从宣传推介中实现共情共鸣共振。当前湖南在乡村文化和旅游宣传推介中，重形式轻内容的现象较为普遍。经常是画面很美、文章很美、内容很丰富，但是难以触及心灵，缺乏设计与创意。对图片、视频的过度包装与美化，反而有时会引起旅游者实地到访后的强烈反差。同时，宣传内容上更强调宣传频次的现象也广泛存在，一些推文缺乏创意，不接地气，仅看标题都无法引起人浏览的冲动。

二是营销宣传手段单一。"互联网+"时代带来的新媒体变革，使营销的方式与手段更加立体、多元和复杂，带来了营销宣传方式的改变。过去营销宣传常用的单向的载体与模式已无法适应当前消费者的需求。当前，营销宣传突破了时间和空间的局限，更多表现为营销主体与对象之间的一种互动交流。因此，要求乡村文化和旅游营销宣传要深入分析消费者的需求，为消费者提供更加个性化的服务。这种崭新的营销理念和思路虽然已被广泛认同和接受，但具体实施过程中，宣传渠道不够多样化，网络、社交媒体等新媒体营销手段运用不充分，难以真正打动潜在旅游者，触发消费者"来一场说走就走的旅行"。由于营销宣传手段单一、营销方式缺乏专业性，营销效果也大打折扣。

三是营销宣传渠道不畅。在网络搜索湖南乡村的信息可以获得数以亿计的信息量，但这些信息是碎片化的，缺乏系统性、便捷性。目前还缺乏专门针对乡村文化和旅游的目标群体量身定制的传播渠道。个别运营管理较好的乡村文化和旅游经营主体虽自建有官方公众号、抖音号等，但是信息更新不及时、信息内容不完善不充分的问题仍然存在。

四是营销宣传力度不够。近年来，湖南依托"影视湘军""综艺湘军""文化湘军"等资源和产业发展优势，推出了《去"湘"当有味的地方》《傲椒的湘菜》《村厨大赛》《家乡好物》《爸爸去哪儿》等一系列推介湖南乡村美食美景好物的节目。《村厨大赛》聚焦乡村振兴主题，深挖农耕文明、乡愁文化，彰显非遗魅力，相关话题总流量超过8亿，登上中央电视台《新闻联播》。但是从全省范围来看，乡村旅游的大手笔策划、大事件营销不多，缺乏专业的营销策划团队，缺乏系统研究和深度挖掘，全民营销参与度低，大型活动少，引爆点少，亮点引流能力差。

（三）营销策略不够明确和缺乏精准性

一是营销宣传合力不足。目前来看，各地市州开展了形式多样的乡村文化和旅游宣传推广活动，但是宣传缺乏统筹，地区与地区之间、乡村与乡村之间打破行政区划壁垒的合作与联动宣传不够多、不够深入，更多的是停留在点状宣传，穿点成线、穿珠成链、汇线为面的系统宣传、融合宣传不多。一定程度上出现宣传推广各自为战的情况，共同打造和策划、推广的乡村旅游线路、乡村旅游品牌、文化节庆活动不多，缺乏统一组织和联动的整体宣传。同时，由于缺乏统一又有区分度的宣传口径和品牌形象，导致宣传信息多且杂，难以形成相对统一的旅游形象，造成内耗，不仅没有形成宣传合力，反而一定程度影响了乡村旅游品牌的塑造。

二是营销宣传不够精准。精准营销被认为是一种基于大数据和先进技术的市场营销策略，旨在通过深入了解目标客户的需求、兴趣和行为，以个性化和定制化的方式进行产品或服务的推广和销售。[①]当前，

---

① 王松龄.基于用户画像的A公司跨境电商平台的精准营销策略研究[D].
上海：华东师范大学，2024.

各地往往缺乏对旅游市场的深入分析和调研，不了解目标顾客的需求和偏好，旅游宣传往往停留在对景点的介绍和推广上，没有着眼于乡村文化和旅游目的地的特点和优势，不能根据乡村旅游目标受众的特定需求和兴趣进行个性化营销，进行产品或服务推动、宣传内容缺乏个性化、差异化，不够精准和有针对性，无法满足不同游客的需求和兴趣，无法实现更好的市场竞争优势。

六、人才队伍建设须进一步夯实

人才是第一资源，缺乏专业人才是乡村文化和旅游发展最普遍也最伤脑筋的问题。随着人们旅游需求不断向高端化、品质化、多样化转变，对文化和旅游业的发展提出了更高的要求，对旅游从业人员的素质要求也不断升高，创新型、应用型、复合型人才需求不断增加。同时，新技术、新业态、新模式的不断涌现，要求文化和旅游从业人员要快速适应、快速转型，成为具有宽阔视野、跨界思维、创新精神的全面发展人才。加之，物联网技术、VR、AR等新兴技术的广泛应用，全媒体时代的到来等正在改变传统的工作模式、宣传推广渠道，传统的经营管理模式、传统的接团带团模式等面临着新的挑战，需要更多优秀人才投身乡村文化和旅游产业建设与发展。目前存在的问题主要有以下几方面：

（一）专业人才缺乏

一是经营管理人才。从事乡村文化和旅游业的经营管理者多是本地头脑"活络"的村民，这些土生土长的管理人员大多本身文化素质不高，从事文化和旅游管理工作经验不丰富甚至欠缺，工作中难免"摸着石头过河"。目前，除各地部分乡村旅游经营主体是国投、旅投等国有企业或者社会资本投资的企业，这部分企业一般有专业化团队进行运营管理外，多数的乡村文化和旅游经营主体限于自身的财力和实力，无能力引进从事管理的"精英"。二是专业的文化与旅游人才。乡村丰富的历史文化是发展文化和旅游的生命力所在。放大本土历史文化内涵，合理进行村庄规划与开发，以丰富的文化和旅游内涵打造文化和旅游品牌是发展乡村文化和旅游的必然选择。当前，乡村文化和旅游专业人才缺乏，乡村丰富灿烂的历史文化无法淋漓尽致地向旅游者展示。由于缺乏科学有效的乡村发展规划和产业规划，很多乡村存在重复建设、资源浪费、破坏环境、产业落后、缺乏特色等问题，有的乡村旅游项目大量投入人力、物力、财力，但游客寥寥无几，企业盈利困难。同时，由于缺乏文化的深度解读，很多伪专业人员对文化和旅游常识一知半解，有的甚至缺乏起码的历史和地理知识，解读时随心所欲，弄得旅游者要么一头雾水，要么目瞪口呆，大大败坏了景点的声誉和旅游者的游览兴趣。三是非遗传承人。近年来，随着经济的快速发展和现代化进程的加快，非物质文化遗产的生存空间受到冲击，非物质文化遗产传承人逐渐老去，非遗传承出现了断代风险。

（二）整体素质不高

一是学历水平较低。乡村文化和旅游工作从业人员多为当地居民，学历较低，成为制约乡村文化和旅游业发展的重要因素。以凤凰县为例，2023年数据显示全县具有导游资格386人，旅行社共有管理人员123人，其中大专以上学历34人，占管理人员总数的28.57%；星级酒店4家，经理以上管理人员71人，其中大专以上学历29人，占经理以上管理人员总数的40.84%。二是专业知识和业务水平偏低。许多从事乡村文化和旅游服务工作人员既非"科班出身"，也没有接受过系统性、专业化的培训和培养，大多是乡村本土居民。这些居民在职业素养、服务规范、服务意识等方面都有较大的先天不足，景区服务质量待提升，酒店民宿餐饮服务水平待提高，接待服务游客的文明素质、服务态度待改进。三是职业道德素养不高。虽然湖南从省一级到地方都出台了一系列规范农家乐、民宿、导游和旅行社的管理规章制度，并且一直着力加强市场监管，针对旅游市场存在的"强迫购物"、未按合同履约、擅自变更行程等突出问题进行专项整治。张家界市2023年召开"铁腕治旅"推进大会，整治旅游市场乱象。湖南省文化和旅游厅2024年召开全省文旅领域顽瘴痼疾综合治理工作推进会，着力优化文旅市场环境。但是景区欺客、宰客，文化和旅游服务项目如住宿、餐饮等价格虚高，乱收停车费，导游擅自增加购物点，处置游客投诉不及时等问题仍时有发生，甚至造成舆论影响，严重侵犯游客的合法权益，破坏乡村的美好形象。

（三）队伍结构不优

一是年龄偏大。近年来，随着乡村振兴战略的深入实施，特别是乡村文化和旅游业的快速发展，大学毕业生、农民工、退役军人、优秀企业家等大量返乡下乡就业创业的人员越来越多，乡村人才队伍不断壮大，人才结构不断优化，尤其是农村青壮人群不断增多，极大地改变了过去乡村常住人口大多属于"老弱病残"的情况。但是从乡村文化和旅游从业人员现有年龄结构来看，仍然存在人员年龄偏大的情况。

二是高层次人才少。具有扎实专业功底、掌握旅游和文化产业发展规律、具备旅游和文化产业经营管理才能的高层次人才少，既熟悉农业农村，又懂旅游管理、文化管理的农文旅融合复合型人才缺乏。真正懂旅游经济规律、掌握旅游专业知识、具备旅游经营管理才能的旅游专门人才少，优秀的导游员（讲解员）、旅游管理、酒店管理的高层次人才没有形成规模效应。三是新技术新业态创新人才不足。能够适应文化和旅游产业转型发展需要的文化旅游规划、产品研发设计、营销策划、市场开发等新型服务行业人才极度缺乏。

第八章　湖南文化和旅游赋能
乡村振兴的对策建议

一、加强文化和旅游赋能乡村振兴统筹联动

（一）加强顶层设计，夯实工作基础

发挥各级政府主导作用，加强顶层设计。根据工作职能职责，进一步完善湖南乡村文化和旅游发展的配套政策，进一步细化相关措施，出台相关《重点任务责任清单》，统筹推进、分步实施，确保各项政策制度精准落实。改变以行政区划为边界发展旅游的传统做法，打破市州、县市各自为阵、景区自成一体的乡村旅游资源开发格局。对湖南乡村旅游资源进行盘点与整合，对湖南乡村文旅产业进行统筹和融合，进行功能布局、发展层次的优化和调整，推动政府、市场发挥各自的职责的活力，打造处处乡村都有景，地地乡村景不同，各乡各村有特

色的乡村文旅发展格局。围绕"三湘四水　相约湘村"湖南乡村旅游品牌，进行全域统筹营销，形成湖南乡村文化和旅游发展同向发力的工作格局。

（二）加强部门联动，推动工作落地

健全完善工作协调机制，加强省文化和旅游厅与其他厅局交流协作，强化对全省文化和旅游赋能乡村振兴工作的统筹协调，共建畅通的信息共享机制，共同研究解决乡村文化和旅游发展的重大事项，共同督导推进乡村文化和旅游发展的重点工作，组织开展乡村文化和旅游发展考核评估。如：在乡村重点旅游景区、重大旅游项目建设以及乡村游步道、停车场、民宿、露营营地的建设中，做好与国土部门的沟通协调，共同谋划与乡村旅游发展相配套的用地计划。避免部门与部门之间各自为阵，出现政策打架、工作配合不力、项目难以落地等情况。充分发挥政府在制度设计、绩效考核、营造氛围等方面的主导作用，推动各级各部门按照职责分工，各司其职、加强协作，形成乡村文化和旅游发展的强大合力，推动工作落地落细。

（三）强化规划指导，推动科学发展

加快编制文化和旅游赋能乡村振兴专项规划，全面对接好《全国乡村产业发展规划（2020—2025）》《湖南省乡村旅游发展专项规划（2022—2030年）》《湖南省"十四五"文化和旅游发展规划》《湖南省历史文化和文物保护国土空间专项规划》《湖南省国土空间规划（2021—2035年）》等规划，做好乡村旅游规划与水利规划、农业规划、土地利用规划等衔接，督促指导各地从推动乡村文化和旅游发展出发，编制符合本地实际的文化和旅游赋能乡村振兴专项规划，并制定具体的行动方案，引导各地对乡村文化和旅游资源进行有效融合、合理布局、规划开发，强调突出特色，强调替代和互补，做到一村一境界，一村一品牌。在规划引导下，对展示内容雷同的调整取舍或改变进入角度、创出新意，努力提升乡村文化和旅游品位，打造乡村文化和旅游精品。

（四）完善考核评价，推动发展见效

发挥好绩效考核指挥棒作用，合理设置文化和旅游赋能乡村振兴工作在综合绩效考核和领导班子考核中的权重，探索推动文化和旅游赋能乡村振兴等方面评价指标的办法，完善文化和旅游赋能乡村振兴的评价考核体系，引导各级各部门锚定文化和旅游赋能乡村振兴工作重点狠抓落实，推动湖南文化和旅游赋能乡村振兴工作取得良好成效。

二、推进乡村文化产业和乡村旅游提质升级

（一）推动产业的规模化集聚化发展

一是培育壮大文化和旅游市场主体，支持乡村文化和旅游企业做大做强。支持鼓励各地引进战略投资者。充分发挥战略投资者在资金、技术、管理、市场、人才等方面的优势，对乡村文化和旅游发展进行深度挖掘、科学策划、整体打包，打造高品质乡村旅游景区景点、高品质文化和旅游项目、高品质文化和旅游产品、高品质酒店民宿，提升湖南乡村文化和旅游的市场竞争力、品牌影响力。支持鼓励各地引

进民间资本。加大文化和旅游项目招商力度，吸引民间资本参与乡村景区景点、旅游项目开发，整合民间资本大力发展休闲度假、生态观光、民宿餐饮等服务业态，打造一批具有相当实力的文化和旅游企业。**加大本土企业扶持力度。**加大对乡村文化和旅游本土中小微企业的扶持力度，从政策、资金、技术等方面提供帮助，从景区景点规划设计、产品研发与打造、营销宣传与推广、优惠政策落实等方面加强指导服务，通过精准对接助力企业充分把握政策机遇，不断做强做优做大，培育壮大龙头企业。

二是加大乡村文化和旅游产业扶持力度，引导产业集聚发展。推动乡村旅游集聚带、乡村旅游集聚区等建设。围绕生态休闲、田园农耕、民俗文化体验、科普研学、生态康养、乡村民宿、房车露营等乡村旅游产品进行科学组合，打造一批乡村旅游集聚带。依托有一定基础规模、资源组合度高、乡村旅游资源丰富、产业基础发展良好、旅游市场管理规范的区域创建乡村旅游集聚区，发挥集聚带、集聚区辐射带动作用，推动乡村旅游集聚化发展。支持乡村国家级文化产业示范基地、示范园区创建，推动建设乡村省级影视、文化创意等产业园区（基地）。

三是加快乡村旅游产业集群化发展。旅游产业集群是旅游企业和旅游相关企业从乡村文化和资源特色出发，为满足旅游者体验乡村性的文化、景观和乡村生活的需求而相互结网和互动，创新旅游服务的乡村旅游产业链的集群。[1]全力推动先进制造业、商贸物流业、文化旅游

---

① 杨伟容.乡村旅游产业集群化发展的理论与实证分析[D].上海：华中师范大学，2008.

业、医药大健康产业、涉农产业等特色优势产业链式集群发展和高质量发展。

（二）推动乡村文化产业的繁荣发展

一是深入挖掘乡村文化内涵。围绕湖南始祖文化与文明、红色文化、书院文化、宗教文化、历史聚落文化、湖湘名人文化、稻作文化、石刻文化、交通文化等十大文化标识体系，面向乡村聚落遗产、农业遗产、交通遗产、水利遗产、国家级抗战纪念设施/遗址、国家级烈士纪念设施、非物质文化遗产、文物资源等文化资源深入研究，充分利用已有研究成果进行文化元素的总结与提炼，汇聚文化、建筑、历史、旅游、农业等方面的专家、学者的聪明才智，讲好湖南乡村文化故事，选取好乡村文化的呈现载体，进行好乡村文化的主题线路设计、主题项目开发、文创产品研发，写好乡村文化的导游词与解说词。充分结合地方文化资源特色进行规划设计，避免千村一面，推动形成各地各村不同的文化品牌与特色。

二是打造特色乡村文化产业品牌。在深挖乡村文化内涵的基础上，打造一批乡村节庆文化、赛会文化、演艺文化、红色文化、工艺美术、文创产品、非遗类文化品牌，推动乡村文化资源在科文融合、文化数字化、文旅融合等领域持续发力。将乡村的自然景观、传统村落、民俗民风、历史故事、本土服饰和民间歌舞等有机融合，抓取其中最有代表性的乡村文化符号进行艺术加工，打造乡村演艺精品。推动《魅力湘西》《桃花源记》《花开芙蓉·毕兹卡的狂欢》《德夯幻境》《遇见大庸》等文化旅游演艺精品不断从内容到呈现形式上进行精深加工，创作出能贴近游客心理需求的作品，增强吸引力。鼓励支持各地立足乡村原生态地域文化打造差异化旅游演艺作品，进一步优化乡村文化作品的创作扶持政策，进一步丰富文化旅游产品供给，提升景区文化内涵。加大情境式、体验式文旅项目开发建设，积极创建"中国民间文化艺术之乡"，多措并举打造乡村文化传承的湖南品牌。

三是抓好文化产业赋能乡村振兴试点建设工作。按照国家《关于开展文化产业赋能乡村振兴试点的通知》《文化产业赋能乡村振兴试点工作方案》等文件要求抓好平江县、炎陵县、凤凰县三个全国首批文化产业赋能乡村振兴试点。充分发挥县域统筹规划、资源配置作用，突出特色，改革创新，在工作体制机制、发展举措、产业导入、政策保障等方面先行先试，促进乡村文化和旅游融合发展，形成可复制的典型经验在全国推广，推动建设宜居宜业宜游和美乡村。积极做好第二批文化产业赋能乡村振兴试点申报工作。组织开展文化产业特色乡镇、文化产业特色村落评选。

（三）推动乡村旅游要素的提档升级

围绕"吃、住、行、游、购、娱"等要素，进一步完善乡村旅游配套服务体系。把旅游基础设施建设的利益相关方都吸纳到基础设施建设活动中来，政府、企业、社会均承担起相应的责任。通过政府牵头，吸纳社会资金，鼓励招商引资，多渠道拓宽基础设施建设的资金来源。政府部门把改善乡村旅游设施作为推动乡村经济发展、改善农村民生的一项重要工作，积极改善乡村旅游供电、供水、通信、公路等条件，统筹乡村旅游停车场和充电桩布局，推进乡村旅游直通车建设，推动"厕所革命"成果向乡村旅游延伸。旅游企业通过吸纳入股、物质补助等多种方式调动所在景点村民的积极性，使其能有钱出钱、有力出力，把所在村村民纳入旅游发展的体系。处理好改善与保护的关系。既要配套旅游基础设施，使旅游者能进得来、游得开、吃得好、待得住，又要在完善基础设施的同时注意不破坏乡村原有的景观风貌，保持景区原有的旅游吸引力。

一是推动乡村旅游餐饮升级，打造"湘菜乡味"。以特色化、精品化、品牌化为发展方向，结合湘江流域、洞庭湖区、湘西山区湘菜不同的地方风味，充分利用湘菜富有地方特色的本土菜肴，不断创新食材选取和烹饪方式，开发原生态餐饮和地方风味小吃，培育一批有代表性的湖南"乡菜"、地方"特色菜""招牌菜"、湖南乡村名小吃、名宴，培养一批擅长做湖南乡村特色餐饮的名厨，打造一批在群众中有口碑有影响力的乡村特色餐饮品牌，引导餐饮企业集群发展。引导乡村结合当地风物特产和文化特色进行菜品开发，结合绿色、养生等游客饮食新需求，通过老菜新做、粗菜细做等，多元化创新菜品，实现差异化开发与营销，打造"一乡一味特色美食""乡味一桌菜"，提升湖南乡村美食影响力、美誉度。积极组织开展乡村星级餐饮、乡村特色菜等评建、评选活动，打造乡村美食产业品牌，推动乡村美食产业规模不断扩大，品质不断提升，品牌不断形成。

二是推动乡村旅游住宿升级，打造"湘村雅宿"。以标准化、规范化、优质化为发展方向，积极引导乡村住宿业对照《旅游民宿基本要求与等级划分》等标准化、规范化文件进一步加强乡村民宿的规范建设、规范管理，做到个性化和规范化兼顾，打造一批具有地方特色和文化口味的本土民宿品牌，让游客变"留客"。在充分考虑各乡村旅游承载力的前提下，兼顾村庄建设、村民生活、乡村经营，结合乡村土地资源条件，充分调动村民积极性，统筹规划建设乡村旅游民宿，做到布局合理、规模适度、内涵丰富、特色鲜明、服务优质。着眼于满足游客多层次需求，不断优化乡村住宿业结构，加快品质化、精品化度假酒店、特色主题酒店、乡村民宿等建设，建设一批中高端度假村、乡村民宿等，打造高端民宿村落集聚区。提升现有乡村住宿业条件，推动标准化建设与改造，规范乡村住宿业市场秩序和行为管理，提升服务质量。

三是推动乡村旅游交通升级，打造"畅达乡路"。以"安全化、便捷化、绿色化"为发展方向，不断完善农村交通运输体系，推动乡村公路与自然环境、人文环境相交相融，畅通交通干线与乡村旅游"最后一公里"，打造主线联通、支线成环、末端通达的慢游网络，推进旅游公路建设，规划设计乡村停车场建设，打造路畅车通的交通环境。

四是推动乡村智慧旅游升级，打造"智游乡村"。以"智慧化、个性化、高效化"为发展方向，打造集旅游资源、旅游信息、旅游服务等功能于一体的智慧旅游服务平台，建设乡村智慧旅游景区、乡村智慧旅游酒店、乡村智慧旅游集散服务中心等，评选一批智慧旅游乡村、智慧旅游休闲农业、智慧乡村旅游区等乡村智慧旅游试点，积极探索在线预订、智能导览、智慧点餐、智慧购物、智慧停车、在线查询、在线评价等功能全覆盖的游客一站式服务集成。充分应用物联网、大数据等技术提升景区智慧化管理水平，实现全域智能监控、环境智能监测、游客智能统计，实时掌握景区运营情况，并有针对性地根据游客需求与偏好进行信息智能投放、产品线路智能推荐，提高游客个性化服务体验。积极鼓励乡村经营主体探索乡村旅游和产品数字化建设、乡村文化等的结合点，开发智慧农业科技体验、数字展厅等乡村智慧旅游产品。

五是推动乡村旅游购物升级，打造"乐购乡村"。以"地域性、特色性、产业化"为发展方向，打造既有浓郁地方色彩，又有时代特征的富有特色文化创新的旅游商品，推动旅游商品产业发展，扶持一批有潜力的旅游商品研发生产企业，打造一批优秀旅游商品品牌。推进文化旅游商品开发，组织开展旅游商品评选活动、文创产品创新设计大赛等，助推一大批结合本地物产，深挖地域文化，融合现代文化、科技元素的有市场号召力的文旅商品、文创产品脱颖而出。推进文化旅游商品市场化量产，提升湖南乡村特色旅游商品的产业规模，做好湖南美食产品等精细加工文章，培育一批国家地理标志产品和名优特商品。贯通"产+销"，优选建设乡村旅游购物廊道、购物商店等，规范旅游商品销售行为，打造旅游者放心购物、安全消费的旅游购物环境。

六是推动乡村旅游娱乐升级，打造"乡村乐园"。以"参与性、体验性、互动性"为发展方向，打造富有乡村特色、彰显乡村文化、强化游客参与的文化休闲娱乐产品，创新乡村休闲娱乐业态。在传统的采摘、烧烤、休闲垂钓等乡村旅游娱乐项目基础上，开拓水上运动、健身娱乐、户外露营、林中蹦床、沙滩营地、森林牧场、丛林穿越等形式多样的娱乐项目，创新游客体验方式，形成多层次的文化休闲娱乐消费市场。

（四）丰富乡村文化和旅游产品供给

丰富乡村文化和旅游产品供给，推动乡村文化和旅游产品向高品质和多样化升级。着眼"商、养、学、闲、情、奇"等新兴元素，挖掘乡村多元价值，打造一系列与乡村资源特色相匹配的健康养老、体育健身、研学科普、摄影采风、亲子度假、探险游乐等产品供给，满足大众旅游特色化、多层次需求，加快构建乡村文旅产业新体系。积极发展乡村"夜经济"，开发乡村"夜游、夜食、夜娱"产品，丰富夜游内容，打造一批地标性夜间经济示范点，推进乡村夜间文化和旅游消费集聚区建设，实现夜间经济的集聚化、规模化和品牌化。

（五）加大乡村文化和旅游品牌创建

依托遍布湖南乡村的世界文化遗产、世界自然遗产、国家历史文化名镇、全国重点文物保护单位等文化资源，助推乡村文化品牌影响力不断提高。依托山谷居民、惹巴妹等具有一定知名度的文化IP，打造湖南文创品牌。依托全国乡村旅游重点村镇、全国乡村旅游精品线路、国际乡村旅游目的地、乡村旅游示范（重点）村、星级乡村旅游点等，打造各级各类文化和旅游品牌协同发展的全方位、多层次乡村旅游品牌体系，实现品牌示范带动，引领乡村旅游高质量发展。

（六）妥善解决深层次的治理模式等问题

乡村旅游发展早期，利益主体主要集中在村内，利益关系相对简单。而随着乡村旅游业的蓬勃发展，越来越多的利益主体参与到乡村旅游中来，在为乡村旅游发展注入动力的同时，也使得乡村旅游发展的利益协调更加困难。因此，乡村旅游能否获得可持续性发展，经营管理模式背后的治理模式是关键要素。当前，乡村旅游作为重要的乡村发展途径在推动乡村振兴方面发挥了重要作用。随着乡村旅游业的纵深发展，乡村旅游业发展如何处理好村民、经营主体、政府间的关系，完善利益联结机制，构建乡村治理新体系至关重要。要妥善解决好各方面人员在投入过程中的利益分配问题，尤其注意所在地区村民之间的利益平衡，避免产生新的社会矛盾，成为乡村旅游发展的反推力。重视政府的主导作用，充分调动村民对乡村旅游资源的保护和利用，避免发生因对资源的破坏和掠夺而导致的公地悲剧。依托于政府的主导作用，搭建全域乡村旅游发展框架，推动不同乡村旅游点的准确定位，突出各乡村旅游点的特色，使乡村旅游业发展动态平衡。

三、提升乡村文化和旅游公共服务质量水平

（一）提升乡村公共文化服务供给水平

一是加强乡村公共文化基础设施建设。进一步完善农家书屋、文化活动室等建设，支持建设一批村史馆、非遗展示馆、博物馆等公共文化设施，着力解决乡村文化设施分散、使用效率不高等问题。以农村书屋为例，可通过开展阅读推广和流动借阅方式方便读者灵活借阅，可通过增加阅读服务点、开辟网络借阅、开展阅读活动等方式增强读者吸引力，可通过县乡联动方式，定期补充、更新、交流图书，使农家书屋的书常看常新，真正成为农民的"精神粮仓"。

二是提升乡村公共文化服务品质。无论是电影下乡还是演出下乡等文化惠民项目，都应该着眼于乡村群众的需求，不能将城市的文化艺术作品完全照搬照抄到乡村。要聚焦群众需求，深挖乡村人文资源，创作接地气、聚人气、有生气的文化艺术作品。同时，应该鼓励群众积极参与到文化艺术作品的创作与展示中来，发挥群众的创造性，将本土已有文化资源转化为文化服务产品。精准对接农民需求，引导带动农民群众在文化生活中当主角、唱大戏，推动农耕文明和现代文明

要素有机结合。广泛搭建群众自我交流展示的文化活动平台，创新打造一批有特色、受欢迎的乡村文化品牌。

三是推进乡村文化数字化建设。随着信息化、网络化、智能化时代的到来，乡村文化数字化建设作为数字乡村建设的重要内容，成为推动乡村文化振兴的重要途径。其一，加强数字化基础设施建设。更好地发挥数字媒体的记录、阅览、检索、共享等优势，把海量的乡村优秀文化资源存储好、运用好、发展好。[1]依托乡村文化数字化建设平台，如乡村非遗展示馆、乡村博物馆等推动数字化应用场景研发推广。其二，推动数字技术与优秀乡村文化多领域深度融合。湖南是农业大省，乡村文化资源丰富，加强乡村文化数字资源建设十分必要。推进乡村文化资源的数据采集、转化和推广，将乡村风光、生产技艺、传统风俗等文化资源搬上网络云端；借助数字技术，推动乡村传统文化设施改造升级，实现乡村文化资源全景呈现、全民共享。[2]根据数字产业特点，充分挖掘乡村优秀文化资源，进行数字文化产品的创作，打造个性化的乡村文化消费场景。

（二）提升乡村旅游公共服务供给水平

一是制定乡村旅游公共服务相关标准，加强乡村旅游供水、供电、通信、水利、环卫、通讯以及垃圾污水等基础设施建设。因地制宜加强乡村游客服务中心、旅游集散中心、旅游厕所设施等建设，进一步

---

[1] 史家亮. 以优秀乡村文化数字化建设赋能乡村振兴 [J]. 理论导报，2023，（11）：30-31.

[2] 孙伯元. 扎实推进乡村文化数字化发展 [J]. 理论导报，2023，（03）：30.

完善乡村旅游标识，完善信息咨询、安全救援等服务体系建设。针对游客户外运动、商品购物、文化展演、民俗体验等需求完善旅游惠民便民相关设施与服务，提升游客的便利性与舒适度。

二是积极发展乡村智慧旅游服务体系，增强乡村旅游科技含量，促进旅游与互联网技术的整合发展。打造乡村智慧旅游平台，提供全方位的旅游服务。通过智慧旅游平台，整合乡村旅游资源，发布乡村旅游活动，推介乡村旅游产品，并依托智慧旅游平台实现自助导航、景点导游、自助查询、网上订购、互动体验、数据分析等功能，为游客提供食、住、行、游、购、娱一体化网络服务，使乡村旅游富有科技感。同时，不断扩大智慧旅游景区的景区数量，并逐渐连点成面，打通乡村智慧旅游的平台，实现全平台对接，利用旅游大数据对乡村旅游进行更好的统筹规划、服务与管理，切实实现乡村旅游的全域共建、全域共融、全域共享。打造乡村旅游电子商务平台。乡村旅游新业态的出现使得具有乡土特色的文创产品、旅游工艺品如苗绣、土家织锦等重新进入大众视野，现代电子商务的普及又使旅游农工产品从线下走到线上变成了可能，旅游商品等成为农旅融合、农民增收的重要途径。旅游电子商务拓宽了旅游者的消费渠道，旅游者通过线下的实际体验可为乡村旅游产品的线上销售增加动能，使线上体验、线下销售变成新的潮流与趋势。借助于旅游电子商务平台，将湖南特色乡村旅游产品进行整体营销，使具有湖南乡土特色的旅游产品走进千家万户。

（三）推动乡村文旅公共服务融合发展

打造一批文化和旅游融合示范点，打造主客共享的文化旅游新空间，积极探索场馆融合、功能融合的路径。将公共文化服务嵌入旅游公共服务，将公共文化设施嵌入乡村及旅游景区景点，让文化场馆成为旅游地标。依托乡村公共文化服务站点，推动村级文化服务中心与旅游服务中心融合发展，这种融合不仅体现在物理空间上的共享，更在于服务内容的深度整合。公共文化服务中心提供丰富的文化活动和设施，承担文化服务功能。同时，村级文化服务中心在保持原有文化服务功能的基础上，积极拓展旅游服务功能，如设立旅游集散中心，为游客提供便捷的旅游咨询与集散服务；增设民俗民风展示区，让游客亲身体验乡村的独特风情；开设土特产销售区，推广当地特色农产品；提供民宿和餐饮预订服务，满足游客多样化的住宿与餐饮需求。

四、深化乡村文化遗产保护传承和创新发展

（一）加强传统村落的保护传承和创新发展

一是挖掘传统村落的文化特色，打造传统村落的个性化"名片"。细致梳理传统村落的历史脉络，深入挖掘传统村落背后鲜为人知的故事与传说，以及其所承载的深厚文化底蕴和独特审美价值。整合传统村落的地域特征、时代风貌和历史文化。在整合过程中，充分考虑传统村落的地域特色，如山川地貌、气候条件、自然资源等，结合其独特的时代风貌，如古建筑的布局、装饰艺术及历史时期的社会变迁痕迹，形成一套完整且富有层次的文化体系。完善传统村落基础设施，改善居民生活环境，以传统村落为核心，确保居民生活质量的提升与游客游览体验的顺畅。同时，注重生态环境的保护与修复，保持村落与自然环境的和谐共生，让绿水青山成为传统村落最亮丽的底色。以

传统村落为核心，推动形成集中连片的保护和旅游示范区，在保护的基础上，合理规划旅游线路，开发特色旅游产品，如文化体验游、生态观光游、民俗节庆游等，吸引更多游客前来探访，促进当地经济社会的全面发展。通过打造传统村落主题线路，将散落各地的文化瑰宝串联起来，形成一条条充满魅力的文化走廊，不仅让游客在旅途中深刻感受中华文化的博大精深，还有效促进区域间的文化交流与合作，共同推动传统文化的传承与发展，让传统村落不仅"留"下来，保留住那份历史的记忆与文化的根脉；更要"活"过来，通过创新与发展焕发新的生机与活力；最终"旺"起来，成为推动地方经济社会发展的重要力量，让传统文化在现代社会中绽放新的光彩。

二是开发乡村文化旅游产品，打造既有"乡土味"又有"文化味""休闲味"的乡村文化旅游产品。深入挖掘传统村落民间文学、民俗节庆、传统技艺、农耕文化等文化资源，推动资源在保护基础上的创造性转化和创新性发展，促进演艺娱乐、艺术创意、传统技艺体验等特色文化旅游产品和新兴业态开发，增强产品吸引力。例如：依托民间文学资源开发舞台剧、实景演出或互动体验项目，让游客在观赏与参与中感受乡村故事的魅力，体验传统文化的温度；策划和组织具有地方特色的民俗节庆活动，并在节庆活动中融入传统技艺展示、手工艺品销售、地方美食品尝等环节，进一步丰富游客的文化旅游体验。设立传统技艺体验馆或工作坊，邀请非遗传承人现场教学，让游客亲手制作传统工艺品，如陶艺、编织、刺绣等，感受传统技艺的魅力与匠心独运；打造农耕文化体验园或生态农场，让游客参与农事活动，如耕种、采摘、养殖等，亲身体验农耕生活的乐趣与艰辛，增进对乡村文化的理解与认同。同时，结合现代农业技术，展示智慧农业、生态农业等新型农业模式，让游客感受到乡村发展的活力与希望。

三是充分用好大数据、5G等技术，实现传统村落、文化旅游与数字科技融合发展。通过构建云游博物馆、云游传统村落等方式，将传统村落的历史风貌、文化景观、民俗风情等以高清图像、3D建模、虚拟现实等形式进行数字化呈现，突破时空的界限，让文化遗产带给公众更具科技感和沉浸感的数字化文化新体验，让古老的文物以更加鲜活的姿态走进日常，让大众得以共享文化之美。利用5G技术开展线上直播活动，如传统技艺展示、民俗节庆庆典等，让无法亲临现场的观众也能感受到现场的热烈氛围与文化魅力。通过远程互动体验项目，如VR导览、在线问答等，进一步拉近游客与传统村落之间的距离，增强游客的参与感与归属感，让更多人了解湖南传统村落的独特魅力，增强保护传统村落的意识与行动自觉。

（二）推动乡村非遗保护传承和创新发展

实践表明，旅游开发恰好是进行遗产保护和传承的最佳手段。进行乡村非物质文化遗产的旅游开发，将非物质文化遗产与旅游有机结合，既促进乡村旅游发展，又促进乡村非遗文化保护与传承。

一是提炼湖南乡村非物质文化遗产的旅游特色，打造非遗文化旅游主题。湖南乡村非物质文化遗产各具特色，各有千秋。在旅游业快速发展的过程中，各地结合自身特点，努力打造旅游品牌，非物质文化遗产的旅游传承出现"百花齐放"的现象。但从全局来看，湖南非物质文化遗产的旅游传承，应该有自己的特色与亮点，要深入挖掘乡村非物质文化遗产内涵，以村寨或者区县为非物质文化遗产的载体，有所侧重地开展主题式旅游，进行主题式开发。以湘西土家族苗族自治州为例，突出洗车河流域土家族文化、永顺土司文化、花垣蚩尤文化、保靖八部大王文化、凤凰山江苗族文化、古丈茶文化、泸溪盘瓠文化、吉首德夯苗鼓文化、保靖吕洞山苗祖圣山根祖文化等特色文化。

二是对非物质文化遗产旅游线路进行规划，设计非遗精品旅游线路。整合湖南乡村非物质文化遗产资源，打造精品旅游线路。将自然风光、民族风俗、历史文化等相融合，以特色旅游村寨为纽带，建设全省具有代表性的非遗精品旅游线路。如围绕非遗主题，开发山水非遗游赏之旅、民族非遗体验之旅、茶文化非遗之旅、非遗健康养生之旅、非遗美食之旅、非遗探秘自驾之旅、非遗文化艺术研学之旅等精品线路等。在进行旅游线路规划时，要选择在非物质文化遗产传承方面具有代表性的村寨，使各个旅游点既相互关联又有所区别。重点选择中国民间文化艺术之乡、省民间文化艺术之乡或者"土家族文化生态保护基地""苗族文化生态保护基地"等，如土家民俗文化旅游线，可将里耶古镇、魏家寨古城、十八洞村、芙蓉镇等村镇连成一线，使旅游者能够在一次旅游中感受秦汉文化，欣赏富有土家族特色的村寨，体验古朴、原始兼具的土家文化，同时又能感受不同旅游点的风土人情。此外，为满足旅游者在短时间内了解湖南民风民俗的需要，也可以设计不同文化相结合的文化旅游线。

三是拓展非物质文化旅游产业链条，进行非遗旅游产品开发。湖南乡村许多非物质文化遗产如凤凰纸扎、土家织锦、岳阳扇、侗锦、醴陵釉下五彩瓷等精美绝伦的手工艺品深受旅游者的喜爱，完全可以将这些传统美术或传统技艺进行生产性开发，打造特色旅游商品加工业；以酒鬼酒酿制技艺、武冈卤菜制作技艺、永丰辣酱制作技艺、雕花蜜饯制作技艺等为主体，打造湖南特色食品加工业；以侗族芦笙、桑植民歌、瑶族长鼓舞、宁乡周氏双龙舞、辰河高腔目连戏、长沙花鼓戏、常德丝弦、祁东渔鼓、土家打溜子、湘西苗族民歌、苗族武术等传统音乐、传统舞蹈、传统戏剧、传统曲艺、传统体育、游艺与杂技等为主体，开展民俗文化演艺、大型文化主题演艺等，打造非遗文化创意产业。

四是丰富非遗展示方式和途径，打造非遗文化展示平台。依托特色村寨、乡村旅游景区景点、各类文化展示场馆等继续做好非遗工坊、非遗村镇、非遗街区建设工作，采用原生态方式，将非物质文化遗产原生地打造成非遗旅游园区，全面、真实地展现当地的非物质文化遗产。继续办好湖南省非遗购物节等节庆活动，鼓励各村镇在节会期间和重要时间节点，开展乡村传统舞蹈、传统音乐、传统技艺等非物质文化遗产展示活动。推动乡村旅游景区景点举办非遗集中体验活动等，加快推进非遗与旅游的深度融合。

五、推动乡村"文旅+""+文旅"融合发展

（一）"文旅＋农业"：推进农文旅深度融合发展

深化现代特色农业与乡村旅游融合发展，依托农业资源，开发集生态观光、休闲采摘、研学拓展等于一体的农文旅融合发展项目，开发一批"春赏花、夏避暑、秋品果、冬康养"的休闲农业产品，建设一批集农业、旅游、度假、文化、居住为一体的田园综合体、综合性休闲农业园区、农业主题公园、休闲农庄、现代农业产业园等产业融合品牌，大力发展休闲农业与乡村旅游，打造一批乡村旅游度假区、乡

村文旅产业组团、乡村旅游集聚区，开展中国美丽休闲乡村和休闲农业重点县建设，推出一批主题鲜明的乡村休闲旅游精品线路。立足茶叶、油茶、中药材等特色农业，促进"茶叶＋文旅""油茶＋文旅""中医药＋文旅"等产业融合发展，打造一批农文旅融合精品景区、线路。擦亮以城头山古文化遗址为代表的"农耕文化"名片，深入挖掘神农炎帝、"杂交水稻之父"袁隆平等人文资源，用好勾蓝瑶寨、紫鹊界梯田、山背梯田等农耕景观，讲好农耕文化故事，打造一系列湖湘农耕文旅精品路线，打造"大湖之南"农耕文化名片，形成一批世界级农耕文化旅游品牌。擦亮以韶山为代表的"红色经典"名片，充分利用湖南伟人故里、将帅之乡、红色热土、革命摇篮等红色资源十分丰富的优势，依托韶山、汝城沙洲、十八洞村、通道转兵、桑植红二方面军长征出发地和浏阳文家市等红色旅游精品，打造一批红色旅游经典景区，塑造湖南"伟人故里"世界级品牌。将休闲农业与乡村旅游业深度融合，发展休闲观光农业，建设国际驿站、采摘篱园、乡村酒店、养生山吧、休闲农庄、山水人家、民族风苑等。发展农文旅一体化产业模式，打造若干个富有地方文化特点的特色小镇，充分利用农村房屋资源，盘活农村闲置房屋，在建设特色乡村民宿的基础上尝试打造特色民宿集群。通过乡村民宿建设，延长游客停留时间，丰富游客旅游体验，提升湖南乡村旅游品质。

（二）"文旅＋研学"：推进乡村研学与文旅融合

依托湖南乡村丰富的研学旅行资源，深化"文旅＋乡村研学"融合，培育乡村文旅经济新增长点。推动休闲农业与乡村旅游点、乡村旅游重点（村）镇、传统村落等，深挖研学客群需求，分类设计项目式研学旅行课程方案、研学课程主题、研学课程精品线路等。继续发挥好"我的韶山行""精准扶贫乡村振兴""一粒种子改变世界"等红色研学精品线路和"神秘湘西·非遗探秘之旅""梅山神韵·非遗寻踪之旅""楚南福地·非遗祈福之旅""人文始祖·非遗寻根之旅"非遗研学精品线路的示范引领作用,推动乡村研学做大做强。围绕红色、非遗、历史、生态、科普等主题,打造农耕文化研学、绿色生态研学、科普教育研学、文博研学、民俗文化研学等精品旅游线路,创建一批高质量、高水平的全国中小学生研学实践教育基(营)地、全国研学旅行基地(营地)、全国研学旅游示范基地、全国科普教育基地等。

(三)"文旅+X":推进文旅与其他产业融合

湖南乡村旅游转型升级的一个重要内涵就是要进行业态创新,通过对省内乡村旅游资源的整合,促进产业融合,提升旅游服务品质,促进乡村旅游发展。深化乡村文化和旅游与乡村其他产业的融合发展。与林业、中医药产业等融合发展,充分利用乡村林业资源丰富、生态环境良好的优势,发展森林康养、中医药康养、温泉康养,打造一批森林康养示范基地、中医药康养旅游示范基地、温泉康养文化体验基地等。与体育等融合发展,针对各地资源特点,开发空中、水上、山林等多样化文体旅融合产品。做强"体育赛事+文旅",推动体育赛事融入文旅场景,实现体育赛事与农产品展销、特色民宿、乡村旅游等产业串联,打造一批体育旅游示范基地、户外运动营地、体育旅游目的地,为乡村振兴增添体育活力。加强与教育、科技等融合发展,打造一批乡村科普基地和中小学生劳动实践基地等。

六、做实文化和旅游的品牌塑造与宣传推广

（一）打造湖南乡村文化和旅游品牌形象

一是做强节会营销，打造一批主题鲜明、文化氛围浓郁的乡村旅游景区景点。以湖南省旅游发展大会为带动，以湖南四季乡村文化旅游节、湖南国际文化旅游节、湖南非遗购物节等为推手，持续做好节会营销，着力打造湖南乡村旅游景区景点营销策划宣传，达到办会兴城兴乡业的目标。积极争取主办、承办具有国际国内影响力的节会、文旅活动，通过以节促旅、以会兴旅，打造省内外有影响力的品牌节会。支持各地策划别具特色的乡村文化体验活动，让广大旅游者感受湖南乡村的自然之美、文化之美。

二是培育形成湖南乡村旅游IP品牌形象，提升湖南乡村旅游品牌的影响力和知名度。面向全社会开展湖南乡村旅游文旅宣传口号、文旅形象标识征集活动，组织拍摄湖南乡村文化和旅游专题宣传片、文旅宣传歌曲等，凝聚各方智慧更加科学精准定位湖南乡村文旅形象，进一步扩大湖南乡村文旅品牌影响力，推动湖南乡村文旅产业发展。引导全省各地在湖南整体乡村文旅宣传口号的统筹下，细分市场，找准定位，差异化打造与建立当地独特的乡村旅游品牌形象，做到既错位发展又有机融合。

三是激发市场活力，强化品牌意识。鼓励和支持乡村旅游企业、农民专业合作社、乡村民宿等市场主体创新发展，提升服务质量和水平。通过提供培训指导、资金支持等方式，帮助他们提升品牌意识、营销

能力和管理能力，打造一批具有地域特色、文化内涵和市场竞争力的乡村旅游品牌。

（二）提升乡村文化和旅游营销宣传品质

一是构建立体化旅游营销格局。积极发挥政府引导作用，组织乡村旅游、乡村文化市场主体开展形式多样的宣传推介活动，打造多维、立体宣传营销体系，积极参与国内外乡村文化和旅游宣传推介。加强与其他地区、国家及国际旅游组织的交流合作，共同参与国内外乡村文化和旅游的宣传推介活动。通过举办国际乡村旅游论坛、展览会等形式，分享成功经验，引进先进理念和技术，促进国际间乡村旅游资源的共享与互补。同时，积极开拓国际市场，将中国独特的乡村文化和旅游资源推向世界舞台。

二是打造乡村文化和旅游宣传优质内容。围绕乡村自然资源、历史文化资源和乡村事件，找准切入点，打造有价值、有吸引力的内容，推介美景好物，讲好乡村故事。不但要讲好过去的故事，更要讲好现在的故事。通过独特的视角、生动的语言和丰富的表现形式，将乡村的自然美景、文化瑰宝和生动故事娓娓道来，运用图文、视频、音频等多种媒介形式，结合现代科技手段，如VR/AR技术、无人机拍摄等，为游客呈现一场场视觉与心灵的盛宴。同时，注重内容的情感共鸣，让游客在欣赏美景、了解文化的过程中，感受到乡村的温暖与魅力。在宣传内容中，既要讲述乡村悠久的历史故事，传承文化记忆，让游客感受到乡村深厚的文化底蕴和独特的历史韵味；又要聚焦乡村的当代发展，展现其在新时代的变迁与活力。通过对比与融合，让游客在感受乡村传统魅力的同时，看到乡村的未来与希望。

三是开展形式多样的旅游宣传推介活动。主动适应宣传推广工作新形势新要求，迎合新时代公众的新型信息获取方式，既充分发挥传统媒体尤其是主流媒体的影响力与公信力，又充分借助如抖音、快手、微信、微博、公众号等新兴媒体平台，进行乡村文化和旅游的宣传、推广和营销。充分利用现代信息技术手段，构建线上线下相结合的宣传体系。线上方面，依托官方网站、社交媒体、短视频平台等渠道，开展创意营销活动，如直播带货、VR体验游、乡村旅游故事征集等，以生动直观的方式展现乡村魅力。线下则通过举办乡村旅游文化节、乡村音乐节、民俗体验活动等，吸引游客亲身体验乡村风情，增强品牌影响力和市场认知度。

四是拓宽营销宣传渠道。打造湖南乡村文化和旅游的微信公众号、抖音号，在电商平台开设乡村文化和旅游频道等，拓宽宣传渠道，打造全方位多角度全媒体宣传湖南乡村文化和旅游的媒体宣传矩阵，为公众系统化、便捷化获取信息提供一站式服务。在国家级主流媒体上加强湖南文化和旅游赋能乡村振兴的宣传报道，树立湖南乡村文化和旅游的品牌影响力，营造强大宣传声势。推动宣传推广走进来，组织采风团、考察团等走进湖南乡村，体验乡村发展之美，感受乡村振兴之力，用他们的文字、他们的语言、他们的镜头、他们的体验宣传推介湖南乡村的文化和旅游资源，形成湖南乡村良好的口碑效应。推动宣传推广走出去，积极加强湖南特色乡村旅游资源、乡村文化的对外交流和宣传推广。

（三）提升乡村文化和旅游宣传推广效果

一是完善乡村文化和旅游市场营销机制，形成营销合力。围绕"三

湘四水 相约湘村"湖南乡村旅游品牌做文章，在明确湖南乡村旅游的主品牌同时，组织专家学者深入挖掘湖南乡村旅游品牌的内涵，即回答好湖南乡村的主要特色是什么，与周边地区乡村旅游错位发展的独特优势在哪里，下一步应如何打造好湖南乡村旅游品牌。通过系统研究，构建"三湘四水 相约湘村"湖南乡村旅游品牌的"四梁八柱"，打造湖南乡村旅游品牌体系，进一步提出湖南乡村旅游品牌朗朗上口的主品牌和子品牌宣传口号，打造易于记忆、便于传播的品牌形象。由湖南省文旅厅牵头，坚持"全省一盘棋"打造、遴选优质内容，组织开展系列报道，整合报纸、广播、电视、新媒体等各大平台进行全媒体传播，开展系统宣传、融合宣传。引导各地结合自身特色，围绕主品牌和子品牌打造在宣传上进行发力，以更全面、一体化的方式推广湖南乡村文旅。

二是精准营销。充分利用湖南文化旅游大数据中心和各地文旅智慧化、数据化等信息管理平台，对湖南乡村旅游的客群进行研究，分析乡村旅游的游客基本特征，进行游客消费偏好分析，对湖南乡村旅游的发展趋势进行预判，在此基础上进一步优化宣传营销内容，针对特定的目标客户群体，采用精细化的营销策略进行宣传推广。特别是引导各地针对当地乡村旅游文化和旅游目的地的特点与优势及游客特点进行个性化、差异化宣传营销，以达到最大化的效果。在内容创作与传播过程中，注重与游客的互动与参与。通过设置话题讨论、征集游客故事、开展线上线下互动活动等方式，激发游客的参与热情，增强他们对乡村文化的认同感和归属感。关注游客的反馈与建议，不断优化宣传内容和服务质量，提升乡村旅游的整体体验。

（四）拓展乡村旅游客源市场宣传覆盖面

随着消费者需求的日益多元化和个性化，以及交通等基础设施条件的持续优化，湖南乡村旅游客源市场正经历着深刻的变革。为了精准把握市场动态，制定有效的市场营销策略，需要重新分析并定位传统市场、新兴市场，明确一级、二级、三级市场的范围，并据此制定差异化的营销策略。传统市场注重深化品牌印象，提升服务质量，强化口碑效应，同时开发更多符合传统游客偏好的深度游、文化体验游等产品。随着年青一代成为旅游消费主力军，以及自驾游的兴起，新兴市场如年轻白领、家庭亲子游、自驾游爱好者等群体逐渐崭露头角。针对这些市场，应推出更具创意和互动性的旅游产品，如主题民宿、亲子农场、户外探险等，同时利用社交媒体和短视频平台加强营销，吸引年轻游客的注意。针对周边经济发达、人口密集的城市群，如长三角、珠三角地区等区域游客进行重点开发，针对国内其他经济活跃地区，有针对性推广中高端乡村旅游产品。针对国内其他区域及国际市场，要进行更长时间的市场培育和品牌宣传。针对核心市场采取高频次、高强度的宣传推介活动，如举办旅游节庆、文化节、美食节等，同时利用大数据分析，精准推送个性化旅游产品信息。对于潜力市场，注重长期品牌建设和市场培育。积极与知名旅行社、景区建立战略合作关系，共同开发旅游线路，实现资源共享、客源互送。同时，通过举办行业交流会、研讨会等活动，加强信息共享，探讨乡村旅游发展新趋势、新路径。充分利用湖南中非经贸博览会、中非经贸深度合作先行区等对外交流与合作平台，展示湖南乡村旅游的独特魅力和资源优势，吸引国际游客前来体验。同时，加强与非洲及其他国际旅游市场的合作，共同开发跨国旅游线路和产品。针对国际游客的需求和偏好，优化旅游产品设计和服务流程，提升语言服务、标识系统、支付方式等方面的国际化水平。

七、强化乡村文化和旅游人才队伍建设力度

乡村要发展，人才是关键。乡村文化和旅游业的竞争，归根结底是人才的竞争。打造高素质的文化和旅游人才队伍，对于促进乡村文化、旅游发展和转型升级，具有重要作用。当前，乡村文化和旅游发展过程中，文旅人才的供需结构性矛盾比较突出，旅游人才数量和质量与乡村发展需要脱节的问题要求要进一步加强乡村文化和旅游人才队伍建设。

（一）加强乡村文化和旅游专业人才队伍建设

一是加强从业人员培训，提升专业素养与技能。充分利用文化和旅游部门、人力资源和社会保障部门、农业农村部门的资源、资金、政策等优势，开展文旅人才培训、职业技能培训和高素质农民培训等。充分调动乡村文化和旅游各类经营主体的积极性和主动性，开展企业员工技能提升培训。充分发挥地方职业院校、培训机构的师资、场地、实训条件等优势，引导职业院校履行育训并举的法定职责，组织开展乡村文旅方面的专项培训，鼓励公办职业院校开展送教下乡、送技进村等形式多样的培训，提升乡村文化旅游人才综合素质与能力。围绕乡村旅游经营管理、导游人员（讲解员）能力提升等开设培训班，针对乡村民宿、乡村餐饮、乡村购物等乡村旅游重点服务行业开展专题培

训，构建立体、多元的培训体系。乡村旅游经营管理主要培训景区运营管理、乡村旅游品牌建设与营销，景区IP打造与营销，乡村文旅策划、特色资源开发与利用、安全生产、从业人员职业道德等知识，为构建乡村旅游良好的市场管理、经营环境创造条件，提高乡村旅游的经营管理水平。导游人员（讲解员）能力提升主要对导游人员（讲解员）的职业道德、业务知识、讲解技巧、应急知识、旅游服务礼仪等进行培训指导，特别是要将湖南尤其是本地乡村的历史文化、民风民俗、乡村建设取得的成绩等方面内容融入培训内容，提升导游人员（讲解员）的文化素养，从而讲好"湖南乡村故事"。

二是拓展人才选用渠道，推动优秀人才集聚。探索推动"文化产业特派员"制度，推动文化单位和企业、文化工作者深入农村，支持、帮扶、指导文化产业发展，推动文化产业融入乡村振兴。吸引、选用优秀的高校毕业生，党政机关、企事业单位优秀党员干部到乡镇、乡村任职、挂职、锻炼，充实乡村人才队伍。特别是对乡村文化和旅游发展急缺的懂管理、懂经营、懂规划、懂策划、懂创意的复合型文化和旅游人才要有针对性地选派与选用。

三是做实文旅专业人才培养，做大乡村文旅人才增量。大力鼓励、支持文化和旅游相关院校与专业加快发展，培养大量素质优良的文旅专业人才，为乡村文化和旅游发展提供充足的智力资源。引导本科院校侧重培养管理型、研究型文旅人才，高职院校、中职学校侧重培养基层技能型、服务性文旅人才。积极推动院校开设民宿管理与运营、旅游工艺品设计与制作、智慧景区开发与管理等乡村旅游紧缺专业，将乡村文化、乡村民俗、乡村非遗文化等内容融入专业课程教学。重视本土化文旅人才培养，出台支持高职院校培养乡村文旅人才特岗生等政策，为乡村培养一大批留得下、靠得住、用得上的扎根乡村的文化和旅游人才。鼓励乡村优秀文化和旅游人才参加成人教育、自学考试等，提升学历层次，提高文化水平。

（二）加强非物质文化遗产传承人才队伍建设

一是完善非遗传承人评价与支持机制。积极推动乡村非遗代表性传承人认定工作，不断健全完善代表性传承人名录，形成以国家级、省级代表性传承人为龙头，地市级、县级传承人为骨干，一般传承人为基础，梯次合理的乡村非遗传承人群队伍。改善非物质文化遗产传承人的生活条件，为传承人定期提供生活补贴和创作资助，减轻传承人经济压力。鼓励和支持传承人参与市场经营活动，通过合法合规的方式将传统技艺转化为经济收益，如开设工作室、参与展览销售、进行在线教育等，进一步提升传承人自我发展能力。

二是加大非遗传承人培训力度。积极支持传承人开展传承活动，扩大乡村非遗人群。对各级非遗代表性传承人开展授徒、传艺、交流等传承活动予以补助，充分调动传承人的积极性。继续做好中国非物质文化遗产传承人群研修研习培训计划的实施工作，加强非遗传承人之间的交流互鉴，提高传承实践能力。非遗传承人培训过程中，除了传统技艺的传授与提升，还要融入现代设计理念、市场营销策略、数字化保护技术等新兴知识，帮助传承人拓宽视野，增强创新能力。同时，鼓励传承人学习其他地域、民族的非遗文化，促进文化交流与融合，形成多元共生的传承格局。

三是加大非遗传承人才培养。将非物质文化遗产融入高职旅游专业教学，扩大非物质文化遗产的传播和普及，使更多的非遗爱好者、保护者加入到学习、传承非物质文化遗产的队伍中来，用现代化的教育教学手段丰富非物质文化遗产的传承渠道，打破原有的非遗传承对象受限、场所受限、方式受限等局限性，发挥校园传承的独特优势。推动非物质文化遗产进校园，通过设立非遗传承基地的方式，营造校园保护与传承非物质文化遗产的良好氛围。充分发挥高职学校特别是旅游专业教学、研究、创新的优势，引导青年学生保护非遗、传承非遗。积极推动高等教育、职业教育非遗传承人和研究型人才培养工作，开设非遗相关专业，开设非遗相关课程，建设一批非遗传承教育实践基地。

（三）鼓励社会人才投身乡村文化和旅游建设

不断完善支持乡村文化和旅游发展的政策、资金、项目等措施，吸引一大批优秀的乡村旅游规划、营销宣传、节会策划、智慧旅游、文化创意等文化旅游类人才到乡村就业创业，继续做好乡村文化和旅游带头人支持项目。培育发展"乡村网红"新型文化志愿者，积极引导乡村网红传播正能量、当好代言人，推动乡村文化的繁荣发展。加强联系服务，对各类人才在发展中面临的问题及时回应和帮助解决，做好咨询服务、政策解读和专业指导，积极落实各项支持措施和优惠政策，激发乡村文化和旅游人才的创新热情和创造力、发展潜力，推进文化和旅游赋能乡村振兴。

参考文献

[1] 中共中央办公厅，国务院办公厅.2004—2010年全国红色旅游发展规划纲要[Z].2014-12.

[2] 易中华.把非遗保护好传承好 担负起新的文化使命[EB/OL].湖南政研网，2024-08-05.

[3] 2022年湖南文化及相关产业增加值占GDP比重为5.27%[EB/OL].湖南统计信息网，2024-08-05.

[4] 2020年湖南文化及相关产业增加值占GDP比重为4.95%[EB/OL].湖南省人民政府门户网，2024-08-05.

[5] 胡用梅，绿水青山的郴州答卷 | 蹚出"山水画卷、西河走廊"新路子[EB/OL].湖南政协新闻网，2024-08-05.

[6] 唐建军.湖南武冈：电力护航焕新颜 古村奔赴致富路[EB/OL].央广网，2024-08-05.

[7] 乡村振兴的邵阳市乐安铺模式：三管齐下绘制乡村新画卷[EB/OL].湖南省民族宗教事务委员会官网，2024-08-05.

[8] 农产品冠上"国字号"特色文化助力乡村振兴[EB/OL].中国农业农村部官网，2024-08-05.

[9] 节会来"操盘""村闺"变"网红"——2022年湖南省乡村文化旅游节（春季、夏季）综述[EB/OL].湖南省文化和旅游厅官网，2024-08-05.

[10] 不负"村"光 相约湘西 文旅赋能乡村振兴的湘西探索[EB/OL].湘西州人民政府官网，2024-08-05.

[11] 李寒露.凤凰县让沉睡村寨活起来[EB/OL].中国农业农村部官网，2024-08-05.

[12] 王绍绍.文旅市场"热"力足 激发消费市场新活力[EB/OL].人民网财经，2024-08-05.

[13] 贺云翱.乡村振兴要高度重视文化遗产的保护利用[EB/OL].人民政协网，2024-08-05.

[14] 湖南休闲农业的发展现状与展望[EB/OL].湖南省农业农村厅官网，2024-08-05.

[15] 黄煌.湖南2023年接待游客近6.6亿人次[N].湖南日报，2024-01-27.

[16] 刘涛.湖南上半年接待游客3.22亿人次[N].湖南日报，2024-08-03.

[17] 胡盼盼，张尚武，周鸿鸣.农业提质农民增收[N].湖南日报，2024-01-08.

[18] 刘涛.文旅赋能，点亮"湘"村[N].湖南日报，2023-06-04.

[19] 宁奎."江山如此多娇"[N].湖南日报，2021-02-15.

[20] 彭叮咛.白天游山水晚上看大戏[N].湘声报，2024-05-17.

[21] 张彦.坚定文化自信自强，凝聚起建设中华民族现代文明的精神伟力[N].光明日报，2023-06-26.

[22] 国务院办公厅印发《关于加强我国非物质文化遗产保护工作的意见》[N].人民日报，2005-04-27.

[23] 高慧.保护开发古村落"湘字招牌"打出来[N].中国旅游报，2024-07-02.

[24] 宁奎.桑植乡村文化旅游魅力四射[N].湖南日报，2023-11-21.

[25] 刘涛."湘"村风景处处新[N].湖南日报，2023-06-02.

[26] 李志雄，雍艳香，骆万丽，等."演"火旅游"艺"彩纷呈[N].广西日报，2023-12-29.

[27] 张玲."湘"村民宿打造"向往的生活"[N].中国文化报，2024-05-30.

[28] 张伟.湖南农村文化产业与旅游产业互动发展策略[J].山东工会论坛，2014，20（06）：77-78.

[29] 林坚.关于"文化"概念的梳理和解读[J].文化学刊，2013，（05）：10-18.

[30] 张凌云.国际上流行的旅游定义和概念综述——兼对旅游本质的再认识[J].旅游学刊，2008，（01）：86-91.

[31] 杜江，向萍.关于乡村旅游可持续发展的思考[J].旅游学刊，1999，14（1）：15-18.

[32] 肖佑兴，明庆惠，李松志.论乡村旅游的概念和类型[J].旅游科学，2001，（3）：8-10.

[33] 何景明，李立华.关于"乡村旅游"概念的探讨[J].西南师范大学学报（人文社会科学版），2002，28（5）：125-128.

[34] 林梓，肖刚.湖南省乡村旅游类型及其空间格局研究[J].中国农业资源与区划，2023，44（12）：131-141.

[35] 邹宏霞，于吉京，苑伟娟.湖南乡村旅游资源整合与竞争力提升探析[J].经济地理，2009，29（04）：678-682.

[36] 邹宏霞.对湖南乡村旅游资源开发的思考[J].湖南农业大学学

报（社会科学版），2005（06）：30-33.

[37] 陈劼绮，陆林.乡村旅游创新的理论框架与研究展望[J].地理学报，2024，79（04）：1027-1044.

[38] 王毅.论大湘西地区文化产业与旅游业联动发展[J].湖南社会科学，2009，（06）：114-116.

[39] 刘元发.湖南农村文化产业发展路径及政策建议[J].经营者，2016（12）：1-2.

[40] 龚铁军.湖南乡村文化振兴的实践与思考[J].新湘评论，2022，（14）：32-33.

[41] 陈昱.文化和旅游赋能乡村振兴效果评估体系构建研究——基于全国127个县（乡村）文旅发展数据的实证分析[J].价格理论与实践，2024，（01）：119-123+214.

[42] 刘欢，张健.乡村旅游发展中的基层社会治理[J].学理论，2018，（04）：94-96.

[43] 毛其智.中国人居环境科学的理论与实践[J].国际城市规划，2019，34（4）：54-63.

[44] 汤礼莎，龙花楼，杨嘉艺，等.洞庭湖区乡村人居环境和乡村旅游发展"障碍诊断——耦合协调"分析[J].经济地理，2023，43(10)：211-221.

[45] 王兆峰，张青松.乡村振兴背景下旅游型传统村落人居环境有机更新过程与机制——以湖南省十八洞村为例[J].经济地理，2024（6）：1-16.

[46] 许贺棋，郝润梅，王考.村庄规划对偏远山区乡村发展的促进作用——以内蒙古和林格尔县白其口村为例[J].地理科学，1-8[2024-07-27].

[47] 范希春.在推进中国式现代化历史进程中大力弘扬革命文化

[J].红旗文稿，2023，（06）：44-47.

[48] 常纪文，刘天凤，吴雄，等.山水林田湖草一体化保护和系统治理——湖南省宁乡市陈家桥村的案例经验与启示[J].中国水利，2023，（04）：6-9.

[49] 孙九霞.探索中国特色的共同富裕道路：乡村旅游资源创新开发的理论与实践——写在专辑刊发之后的话[J].自然资源学报，2023，38（02）：561-562.

[50] 王乾.依托西路军红色资源助力西部乡村振兴[J].现代农村科技，2022，（08）：7-8.

[51] 姜又春.节会旅游与侗族民间节会的知识产权保护[J].广西民族大学学报（哲学社会科学版），2013，35（02）：90-95.

[52] 张佳仪.中国旅游产业创新与IP发展研究[J].中国旅游评论，2020（03）：65-73.

[53] 罗文斌.绘就湖南全域乡村旅游新图景[J].新湘评论，2018，（17）：46-47.

[54] 唐任伍."新乡贤"为乡村振兴注入强劲动力[J].人民论坛，2024，（01）：26-29.

[55] 邓小海，肖洪磊.从脱贫攻坚到乡村振兴：乡村旅游转向研究——以贵州省为例[J].湖北民族大学学报（哲学社会科学版），2020，38（05）：42-49.

[56] 李定可.乡村旅游新业态研究——以洛阳市栾川县为例[J].洛阳理工学院学报（社会科学版），2018（2）.

[57] 汪星星，陈丽丹.基于利益相关者理论的国内乡村旅游研究综述[J].旅游纵览，2018（1）.

[58] 尚子娟，陈怀平.农村公共文化服务与乡村振兴双向赋能的价值逻辑和推进路径[J].中州学刊，2022，（11）：81-89.

[59] 樊友猛，谢彦君.记忆、展示与凝视：乡村文化遗产保护与旅游发展协同研究[J].旅游科学，2015，29（01）.

[60] 胡其波，冯芷菁，王纯阳.品牌个性对旅游地品牌溢价的影响[J].经济地理，2021，41（09）：232-239.

[61] 陈艳艳，叶紫青.文化传承视域下旅游目的地品牌塑造研究——打造"行走河南·读懂中国"旅游品牌的探索[J].价格理论与实践，2024，（01）：113-118+214.

[62] 史家亮.以优秀乡村文化数字化建设赋能乡村振兴[J].理论导报，2023，（11）：30-31.

[63] 孙伯元.扎实推进乡村文化数字化发展[J].理论导报，2023，（03）：30.

[64] [英]爱德华·伯内特·泰勒.原始文化[M].连树声译.上海：上海文艺出版社，1992：11.

[65] 冯天瑜等.中华文化史[M].上海：上海人民出版社，1990：26.

[66] 习近平.干在实处，走在前列[M]北京：中共中央党校出版社，2006：383.

[67] 吴必虎.区域旅游规划原理[M].北京：中国旅游出版社，2001：144，270-271.

[68] 杨载田.湖南乡村旅游研究[M].北京：华龄出版社，2006.

[69] 蒋建国.湖南文化产业发展报告（2006年）[M].长沙：湖南人民出版社，2006.

[70] 湖南省文化和旅游厅.芙蓉花开 湘见中国：文旅赋能乡村振兴的湖南实践[M].长沙：湖南地图出版社，2023.

[71] 习近平.论"三农"工作[M].北京：中央文献出版社，2022.

[72] 陈文胜，向玉乔.乡村振兴蓝皮书：湖南乡村振兴报告（2023）[M].北京：社会科学文献出版社，2023.

[73] 杨振之.旅游资源开发与规划[M].成都：四川大学出版社，2002.

[74] 中共湖南省委政策研究室.乡村振兴的湖南实践[M].长沙：湖南大学出版社，2023.

[75] 朱鸿亮.习近平新时代中国特色社会主义文化建设重要论述的理论体系研究[D].西安：西安理工大学，2021.

[76] 潘顺安.中国乡村旅游驱动机制与开发模式研究[D].长春：东北师范大学，2007.

[77] 郜清攀.乡村振兴战略背景下乡镇政府公共服务能力研究[D].长春：东北师范大学，2019.

[78] 李成家.湖南农村文化产业发展现状及策略研究[D].长沙：湖南大学，2008.

[79] 张君.湖南文化产业的新业态发展研究[D].长沙：湖南大学，2012.

[80] 尤海涛.基于城乡统筹视角的乡村旅游可持续发展研究[D].青岛：青岛大学，2015.

[81] 周梅.贵州民族"非遗"生产性保护研究[D].贵阳：贵州大学，2015.

[82] 罗婉红.湘西苗族鼓舞的生存现状与开发对策研究[D].湘西土家族苗族自治州：吉首大学，2010.

[83] 庄欣怡.乡村旅游目的地品牌建设问题及提升对策研究[D].杭州：浙江农林大学，2024.

[84] 王松龄.基于用户画像的A公司跨境电商平台的精准营销策略研究[D].上海：华东师范大学，2024.

[85] 杨伟容.乡村旅游产业集群化发展的理论与实证分析[D].武汉：华中师范大学，2008.